介護従事者のための介護保険がよくわかる本

成美堂出版

介護従事者のための介護保険がよくわかる本　目次

Part1　改正介護保険の概要・ポイント

改正介護保険の概要……6
介護報酬改定のポイント①
地域包括ケアシステムの深化・推進……8
介護報酬改定のポイント②
自立支援・重度化防止に向けた対応……10
介護報酬改定のポイント③
働きやすい環境づくり……12
介護報酬改定のポイント④
制度の安定性・持続可能性の確保……15

Part2　介護保険のしくみ

介護保険制度のしくみ……20
介護保険サービスの利用の流れ……22
ケアプランの作成……24
介護保険サービスの種類……30

Part3　居宅介護支援事業所・居宅サービス

居宅介護支援・介護予防支援……34
居宅サービス……42

訪問介護……44
訪問入浴介護……50
訪問看護……52
訪問リハビリテーション……56
居宅療養管理指導……62
通所介護……64
通所リハビリテーション……66
短期入所生活介護……68
短期入所療養介護……71
特定施設入居者生活介護……73
福祉用具……75
住宅改修……78

Part4 地域密着型サービス

地域密着型サービス……82
定期巡回・随時対応型訪問介護看護……84
夜間対応型訪問介護……86
地域密着型通所介護……88
認知症対応型通所介護……90
小規模多機能型居宅介護……92
認知症対応型共同生活介護……94
看護小規模多機能型居宅介護……96
特定施設入居者生活介護／介護老人福祉施設
入所者生活介護……98

Part5 施設サービス

施設サービス……102
介護老人福祉施設……104
介護老人保健施設……107
介護医療院……112

Part6 介護保険以外の制度・措置

地域支援事業……116
介護保険料の軽減措置……118
後期高齢者医療制度……120
利用者負担の軽減……122
成年後見制度……126
日常生活自立支援事業……130
介護保険サービスに関する苦情処理……132

Part7 これからの介護保険

ケアマネジメントの利用者負担導入……136
地域支援事業への移行……138
利用者負担の引き上げ……140

さくいん……143

本書は原則として編集時点（2024年6月現在）の法令・情報に基づいて作成しています。

Part 1

改正介護保険の概要・ポイント

改正介護保険の概要

2023年に公布された改正介護保険法は、2024年度に施行されました。このほか介護報酬も同時改定され、大きく見直されました。

全世代で支える制度の構築

介護保険制度は、2000年の制度創設時からサービス利用者数が**3・5倍に増加**するなど、高齢者介護に欠かせない社会保障制度として定着し、発展してきました。

今後、高齢者人口に占める85歳以上の割合が上昇し、サービス需要や給付費の更なる増加が予想されています。一方、生産年齢人口は、急減が見込まれています。

このような状況のなかでも、全世代対応型の持続可能な社会保障制度を構築し、高齢者の自己決定に基づき、**必要なサービスを受けられ、希望する所で安心して生活できる社会**を目指して2023年の通常国会で成立したのが「全世代対応型の持続可能な社会保障制度を構築するための健康保険法等の一部を改正する法律」です。介護保険法のほか、健康保険法や医療法なども改正されました。

過去2番目に高い改定率

介護報酬の改定率は、前回の2021年度と比べてプラス1・59％となりました。内訳としては、介護職員の処遇改善分が＋0・98％、その他の改定率が＋0・61％となっています。これは過去2番目（1番目は2009年度の＋3・0％）に高い改定率です（臨時改定を除く）。

報酬改定の基本的な視点として、

①地域包括ケアシステムの深化・推進、②自立支援・重度化防止に向けた対応、③良質な介護サービスの効率的な提供に向けた介護現場の働きやすい職場づくり、④制度の安定性・持続可能性の確保の4点が示されています。

過去２番目に高い改定率となりましたが、介護現場の厳しい現状を考えると不十分だと指摘する声も多く挙がっています。

●改正介護保険法の主な内容

事業者の財務状況の見える化	・各事業所等に対して詳細な**財務状況の報告を義務付け**。国が当該情報を収集・整理し、分析した情報を公表する
生産性の向上に資する取組	・都道府県に対し、介護サービス事業所等の**生産性の向上に資する取組**が促進されるよう努める旨の規定が新設された
介護予防支援の許認可の拡大	・要支援者に行う**介護予防支援**について、**居宅介護支援事業所**も市町村からの指定を受けて実施可能とする
看護小規模多機能型居宅介護のサービス内容の明確化	・**複合型サービス**の一類型として法律上に位置付け。サービス拠点での「通い」「泊まり」における看護サービスが含まれる旨を明確化
介護情報基盤の整備	・被保険者、介護事業者等が被保険者に係る**介護情報等を共有・活用**することを促進する事業を地域支援事業に位置付け （公布後４年以内の政令で定める日）

●介護報酬の改定率

（%）

2003年度	06年度	09年度	12年度	15年度	18年度	21年度	24年度
第２期 －2.3	第３期 －0.5	第４期 +3.0	第５期 +1.2	第６期 －2.27	第７期 +0.54	第８期 +0.70	第９期 +1.59

介護報酬改定のポイント①

地域包括ケアシステムの深化・推進

必要なサービスが切れ目なく提供されるよう、地域の実情に応じた柔軟かつ効率的な取組の推進を目指した改定が行われました。

質の高いケアマネジメント

多様化・複雑化する課題やニーズに対応する取組を促進するため、**居宅介護支援**における**特定事業所加算**の算定要件について、**ヤングケアラーや障害者**など、高齢者以外の対象者に関する知識等に関する事例検討会等に参加していることを要件とするなどの見直しが行われました。

柔軟かつ効率的な取組

訪問介護における特定事業所加算について、**中山間地域等で継続的なサービス提供**を行っている事業所について新たに評価を行うなどの見直しが行われました。

医療と介護の連携の推進

医療ニーズの高い訪問看護利用者が増えるなかで、適切かつより質の高い**訪問看護**を提供するため、専門性の高い看護師が指定訪問看護等の実施に関する**計画的な管理**を行うことを評価する新たな加算が設けられました。

看取りへの対応強化

看取り期における対応を適切に評価するため、**訪問介護**における特定事業所加算について、重度者対応要件に「**看取り期にある者**」に関する要件を新たに追加するなどの見直しが行われました。

●地域包括ケアシステムの深化・推進

質の高い公正中立なケアマネジメント

・居宅介護支援における**特定事業所加算**の見直し
・居宅介護支援事業者が市町村から指定を受けて**介護予防支援**を行う場合の取扱い
・他のサービス事業所との**連携によるモニタリング**

地域の実情に応じた柔軟かつ効率的な取組

・**訪問介護**における**特定事業所加算**の見直し
・豪雪地域帯において**急な気象状況の悪化**等があった場合に通所介護費等の**所要時間**の取扱いを明確化
・**通所リハビリテーション**における機能訓練事業所の共生型サービス、基準該当サービス提供の拡充
・**総合マネジメント体制強化加算**の見直し

医療と介護の連携の推進

〈在宅における医療ニーズへの対応強化〉
・専門性の高い**看護師**による訪問看護の評価
・患者の状態に応じた**在宅薬学管理**の推進　など

〈在宅における医療・介護の連携強化〉
・円滑な在宅移行に向けた**看護師による退院当日訪問**の推進　など

〈高齢者施設等における医療ニーズへの対応強化〉
・特定施設入居者生活介護における**夜間看護体制**の強化　など

〈高齢者施設等と医療機関の連携強化〉
・**協力医療機関**との連携体制の構築　など

看取りへの対応強化

・**訪問介護**における**特定事業所加算**の見直し
・**訪問入浴介護**における**看取り対応体制の評価**　など

介護報酬改定のポイント②

自立支援・重度化防止に向けた対応

アウトカム評価の充実やLIFEによる科学的介護の推進を評価した2021年度の介護報酬改定を踏まえた改定が行われました。

一体的な取組を推進

リハビリテーション、**口腔**、**栄養**を一体的に推進し、自立支援・重度化防止を効果的に進めるため、**訪問・通所リハビリテーション**におけるリハビリテーションマネジメント加算について、口腔アセスメント及び栄養アセスメントを行っていること、介護保険施設においては、これらに加えて機能訓練を一体的に推進していることなどの要件を満たす場合を評価する新たな区分が設けられました。

自立支援・重度化防止

通所介護等における**入浴介助加算**について、入浴介助技術の向上や利用者の居宅における自立した入浴の取組を促進するため、入浴介助加算Iの算定要件に、入浴介助にかかわる職員に対し、入浴介助に関する研修等を行うことを新たな要件として設けるなどの見直しが行われました。

LIFEの活用

科学的介護推進体制加算について、質の高い情報の収集・分析を可能とし、入力負担を軽減し科学的介護を推進するため、加算の様式について入力項目の定義の明確化や他の加算と共通している項目の見直しなどが実施されました。

●自立支援・重度化防止に向けた対応

リハビリテーション・機能訓練、口腔、栄養の一体的取組

リハ・口腔・栄養の一体的取組	訪問・通所リハビリテーション	リハビリテーション、口腔、栄養の一体的取組の推進 →リハビリテーションマネジメント加算
リハビリテーション		医療機関のリハビリテーション計画書の受け取りの義務化
		退院後早期のリハビリテーション実施に向けた退院時情報連携の推進 →退院時共同指導加算
		みなし指定の見直し →みなし指定が可能な施設として、病院、診療所に加え、介護老人保健施設、介護医療院を追加
口腔	訪問系サービス、短期入所系サービス	口腔管理に係る連携の強化
	居宅療養管理指導	管理栄養士の通所サービス利用者に対する介入の充実
栄養		歯科衛生士等の通所サービス利用者に対する介入の充実
		管理栄養士による居宅療養管理指導の算定回数の見直し
リハ・口腔・栄養の一体的取組	介護保険施設	リハビリテーション、個別機能訓練、口腔、栄養の一体的取組の推進 →リハビリテーションマネジメント計画書情報加算　など

自立支援・重度化防止に係る取組の推進

・通所介護等における**入浴介助加算**の見直し
・通所リハビリテーションの**入浴介助加算Ⅰ**の見直し
・**ユニットケア施設管理者研修**の努力義務化　など

介護報酬改定のポイント③

働きやすい環境づくり

物価高騰や他業種の賃金引き上げによる人材流出、少子高齢化の進行により、人材の確保における厳しさが増しています。

介護職員の処遇改善

介護職員の処遇改善のための措置ができるだけ多くの事業所に活用され、介護職員等の確保につながるようにするため、①介護職員処遇改善加算、②介護職員等特定処遇改善加算、③介護職員等ベースアップ等支援加算について、現行の各加算・各区分の要件及び加算率を組み合わせた4段階の「**介護職員等処遇改善加算**」に**一本化**される見直しが行われました。一本化は、2024年6月から実施されています。なお、2024年度末までの経過措置期間が設けられています。

働きやすい職場環境づくり

人員配置基準等で具体的な必要数を定めて配置を求めている職種の**テレワーク**に関して、取扱いの明確化を行い、職種や業務ごとに具体的な考えを示すなどの見直しが行われました。

効率的なサービスの提供

居宅介護支援費（Ⅰ）のケアマネジャー1人当たりの取扱件数を、40未満から**45未満**に改め、居宅介護支援費（Ⅱ）の要件を、**ケアプランデータ連携システムの活用**及び事務職員の配置をしている場合に改め、取扱件数も45未満から**50未満**に見直されました。

●介護職員等処遇改善加算

介護職員の処遇改善

介護職員処遇改善加算・介護職員等特定処遇改善加算・介護職員等ベースアップ等支援加算の**一本化**

2024年5月まで

処遇改善加算	特定処遇改善加算	ベースアップ等支援加算	合計の加算率
Ⅰ	Ⅰ	有	22.4%
		なし	20.0%
	Ⅱ	有	20.3%
		なし	17.9%
	なし	有	16.1%
		なし	13.7%
Ⅱ	Ⅰ	有	18.7%
		なし	16.3%
	Ⅱ	有	16.6%
		なし	14.2%
	なし	有	12.4%
		なし	10.0%
Ⅲ	Ⅰ	有	14.2%
		なし	11.8%
	Ⅱ	有	12.1%
		なし	9.7%
	なし	有	7.9%
		なし	5.5%

一本化

要件を再編・統合
&
加算率引き上げ

2024年6月から

介護職員等処遇改善加算（新加算）	加算率
Ⅰ	24.5%
Ⅱ	22.4%
Ⅲ	18.2%
Ⅳ	14.5%

※加算率は訪問介護の例

２０２４年度末までの経過措置期間中は、現行の加算の要件等を維持した上で、当該改定による加算率の引き上げを受けることができます。

●新加算の要件

Ⅰ	加算Ⅱに加え、以下の要件を満たすこと ・経験技能のある介護職員を事業所内で一定割合以上配置していること
Ⅱ	加算Ⅲに加え、以下の要件を満たすこと ・改善後の賃金年額440万円以上が１人以上 ・職場環境の更なる改善、見える化
Ⅲ	加算Ⅳに加え、以下の要件を満たすこと ・資格や勤続年数等に応じた昇給のしくみの整備
Ⅳ	・職場環境の改善（職場環境等要件） ・賃金体系等の整備及び研修の実施等

介護職員等処遇改善加算への移行

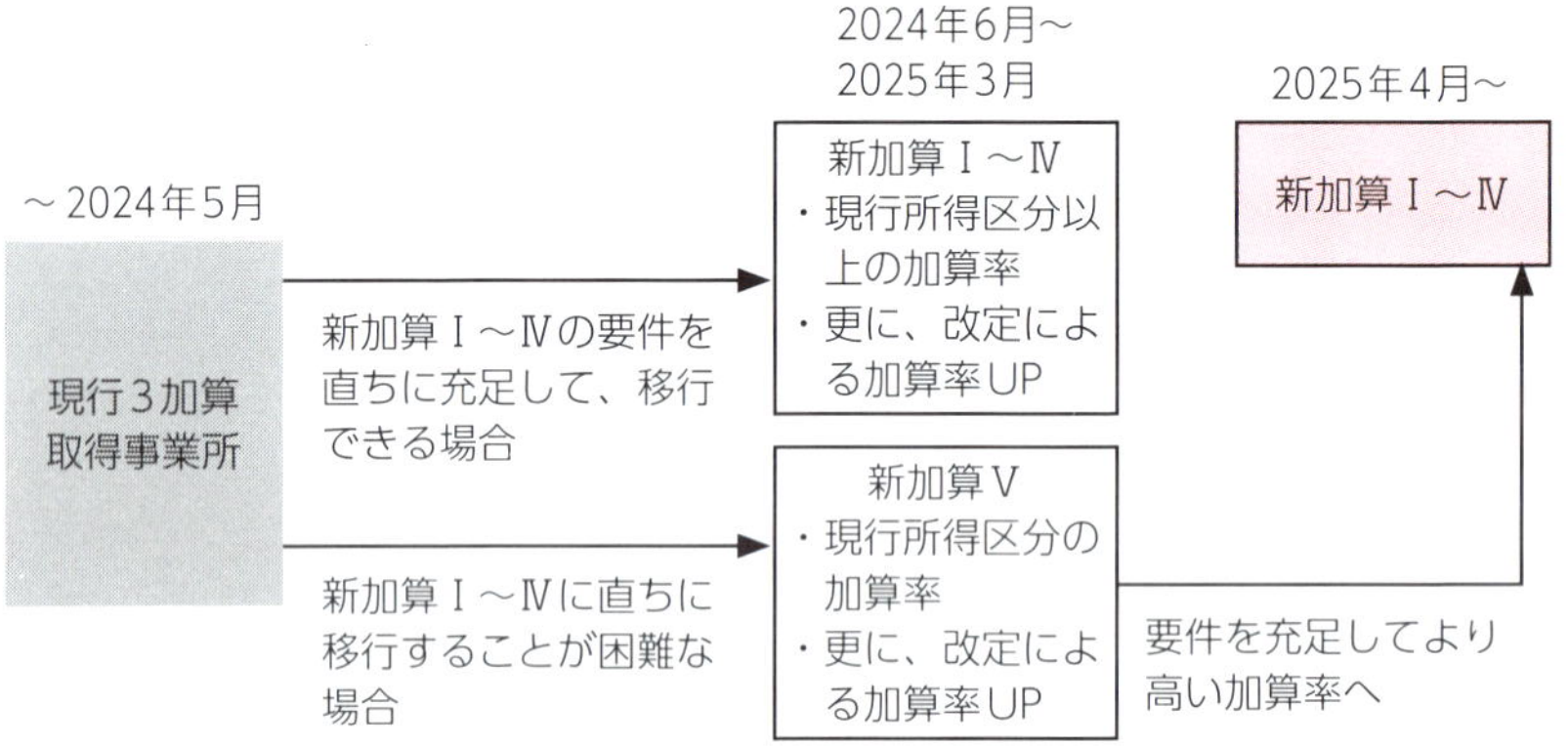

生産性の向上等を通じた働きやすい職場環境づくり

・**テレワーク**の取扱い
・利用者の安全並びに介護サービスの質の確保及び職員の負担軽減に資する方策を検討するための委員会の設置の義務付け
・介護ロボット・ICT等の**テクノロジー**の活用促進
・生産性向上に先進的に取り組む特定施設に係る人員配置基準の特例的な柔軟化
・介護老人保健施設等における**見守り機器**等を導入した場合の夜間における人員配置基準の緩和　など

効率的なサービス提供の推進

・**管理者**の責務及び兼務範囲の明確化等
・人員配置基準に係るローカルルールについて、省令の範囲内で地域の実情に応じた内容とすること
・訪問看護等における**24時間対応**体制の充実
・訪問看護等における24時間対応のニーズに対する**即応体制**の確保
・退院時共同指導の指導内容の提供方法の柔軟化
・薬剤師による**情報通信機器**を用いた服薬指導の評価の見直し
・**通所介護、地域密着型通所介護**における個別機能訓練加算の**人員配置要件の緩和**及び評価の見直し　など

介護報酬改定のポイント④

制度の安定性・持続可能性の確保

介護ニーズが増大する一方で、現役世代の減少が進行しています。すべての世代にとって安心できる制度とするための構築が図られました。

評価の適正化・重点化

同一建物居住者への**訪問介護サービス**の提供割合が多くなると、訪問件数は増加し、移動時間や移動距離は短くなっているという実態があります。

その実態を踏まえ、報酬の適正化を行うため、同一建物減算について、事業所の利用者のうち、**一定割合以上が同一建物等に居住する者**への提供である場合に、新たな減算区分が設けられました。

報酬の整理・簡素化

予防通所リハビリテーションにおける身体機能評価を更に推進するとともに、報酬体系の簡素化を行うため、①**運動器機能向上加算を廃止**し、基本報酬への包括化を行う、②運動器機能向上加算・栄養改善加算・口腔機能向上加算のうち、**複数の加算を組み合わせて算定**していることを評価する選択的サービス複数実施加算について新しい加算（一体的サービス提供加算）が創設されました。

制度の安定性・持続可能性の確保

評価の適正化・重点化

訪問介護	同一建物減算 ①10％減算 ②15％減算 ③①以外の10％減算 ④12％減算（新設）→同一建物等居住者にサービスを提供する場合の**減算区分を新設**
訪問看護	理学療法士等による訪問看護の評価の見直し →**減算**の新設
短期入所生活介護	長期利用の適正化 →連続して60日（介護予防の場合は30日）を超えて入所している利用者に対し、60日（30日）までの減算適用後の報酬単位から**更に減算**した報酬単位を新設
福祉用具貸与・ 特定福祉用具販売	一部の福祉用具に係る貸与と販売の**選択制**の導入 →固定用スロープ、歩行器（歩行車を除く）、単点杖（松葉づえを除く）、多点杖
福祉用具貸与	**モニタリング**実施時期の明確化
	モニタリング結果を記録し、その記録を**介護支援員**に交付することを義務付け
短期入所療養介護 介護老人保健施設 介護医療院	多床室の**室料負担**の導入（2025年8月施行）

報酬の整理・簡素化

定期巡回・ 随時対応型訪問介護看護	基本報酬の見直し →**夜間**にのみサービスを必要とする利用者区分を新設
介護老人保健施設	**認知症情報提供加算**の廃止
	地域連携診療計画情報提供加算の廃止
介護医療院	**長期療養生活移行加算**の廃止 →介護療養型医療施設の廃止に伴い廃止

その他の介護報酬改定

　事業所の運営規定の概要などの重要事項等については、原則として施設・事業所内での「**書面掲示**」を求められています。インターネット上で情報の閲覧が完結する環境を整備するため、書面掲示に加え、原則として重要事項等の情報を**ウェブサイトに掲載・公表**しなければならないこととするなどの見直しが行われました。

　書面掲示規制の見直しについては、1年間の経過措置を設け、2025年度から**義務化**が適用されます。

その他の介護報酬改定

「書面掲示」規制の見直し	全サービス	重要事項等の情報を**ウェブサイト**に掲載・公表することを義務化（2025年度から義務付け）
特別地域加算等加算の対象地域の明確化	訪問系サービス 通所系サービス 多機能系サービス 福祉用具貸与 居宅介護支援	特別地域加算、中山間地域等における小規模事業所加算、中山間地域等に居住する者へのサービス提供加算の**対象地域を明確化** →過疎地域の持続的発展の支援に関する特別措置法第2条第2項により公示された過疎地域
経過措置の延長	居宅療養管理指導	高齢者虐待防止措置及び業務継続計画の策定に係る経過措置を**3年間延長** →2024年3月31日までとされている義務付けを、2027年3月31日まで延長
通所系サービスの送迎の取扱い	通所系サービス	・送迎先について利用者の居住実体のある場所を含める ・他の介護事業所や障害福祉サービス事業所の利用者との**同乗**を可能とする
居住費の見直し	短期入所系サービス 施設系サービス	光熱水費の上昇による在宅生活者との負担の均衡を図る観点などから、基準費用額（居住費）を**引き上げ**

報酬改定時期が2つに

2024年度**診療報酬改定**が2024年6月1日施行とされたことなどを踏まえ、**介護報酬改定**の施行時期がサービスごとに、**4月と6月**の2つに分けられました。

6月1日施行となったのが、医療分野と特にかかわりの深い訪問看護、訪問リハビリテーション、居宅療養管理指導、通所リハビリテーションの4サービスです。そのほかのサービスは、従来通りの4月1日施行となっています。

そのほか、補足給付にかかわる見直しは別途定められています。

2024年度介護報酬改定の施行時期

2024年4月1日施行	下記以外のサービス
2024年6月1日施行	・訪問看護 ・訪問リハビリテーション ・居宅療養管理指導 ・通所リハビリテーション

補足給付にかかわる見直しの施行時期

2024年8月1日施行	基準費用額の見直し
2025年8月1日施行	多床室の室料負担の導入

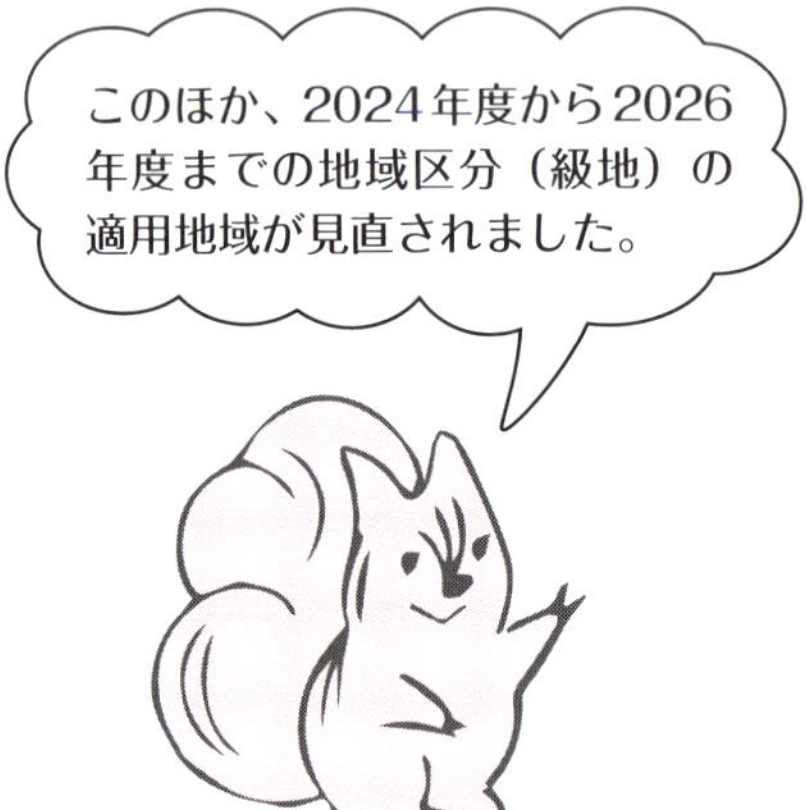
このほか、2024年度から2026年度までの地域区分（級地）の適用地域が見直されました。

Part 2

介護保険のしくみ

介護保険制度のしくみ

高齢者の自立を支援すること、利用者が介護サービスを選択する利用者本位であることが基本的な考え方です。

保険者と被保険者

介護保険は市町村及び特別区（以下「市町村」）を保険者とする**社会保険方式**の社会保障制度です。保険者である市町村は介護保険の責任主体として被保険者の資格管理、保険料の徴収、介護認定審査会の設置及び要介護・要支援認定事務、居宅介護支援事業者・地域密着型サービス事業者等の指定・指導・監督、地域支援事業の実施等を行います。

被保険者は2種類あり、第1号被保険者は市町村の区域内に住所がある65歳以上の者で、第2号被保険者は市町村の区域内に住所がある40歳以上65歳未満の医療保険加入者です。

第1号被保険者の保険料は、各市町村が、所得に応じて定められた額を**特別徴収**（**年金天引き**）**または普通徴収**し、直接的に保険給付の財源に充当されます。第2号被保険者の保険料は、医療保険者が医療保険料とともに徴収し、社会保険診療報酬支払基金に介護給付費・地域支援事業支援納付金として納付され、全国でプールした上で各市町村に介護給付費等として交付されます。

都道府県・国の役割

介護保険事業の運営が健全かつ円滑に行われるよう、国および都道府県は、財政負担のほかにも保険者である市町村を支えるさまざまな施策を講じなくてはなりません。

国は要介護（要支援）認定基準や介護報酬の算定基準など制度の基本的な枠組みの設定や、都道府県・市町村・事業者等の指導・監督等を行い、都道府県は介護保険審査会の設置、市町村事務受託法人の指定、居宅サービス事業者等の指定・指導・監督、介護サービス情報の公表、介護支援専門員に関する事務等を行います。

国と都道府県が連携して、**地域包括ケアシステムの構築**や**認知症施策の総合的な推進**を行うことが努力義務として課せられています。

●介護保険制度のしくみ（2024～2026年度）

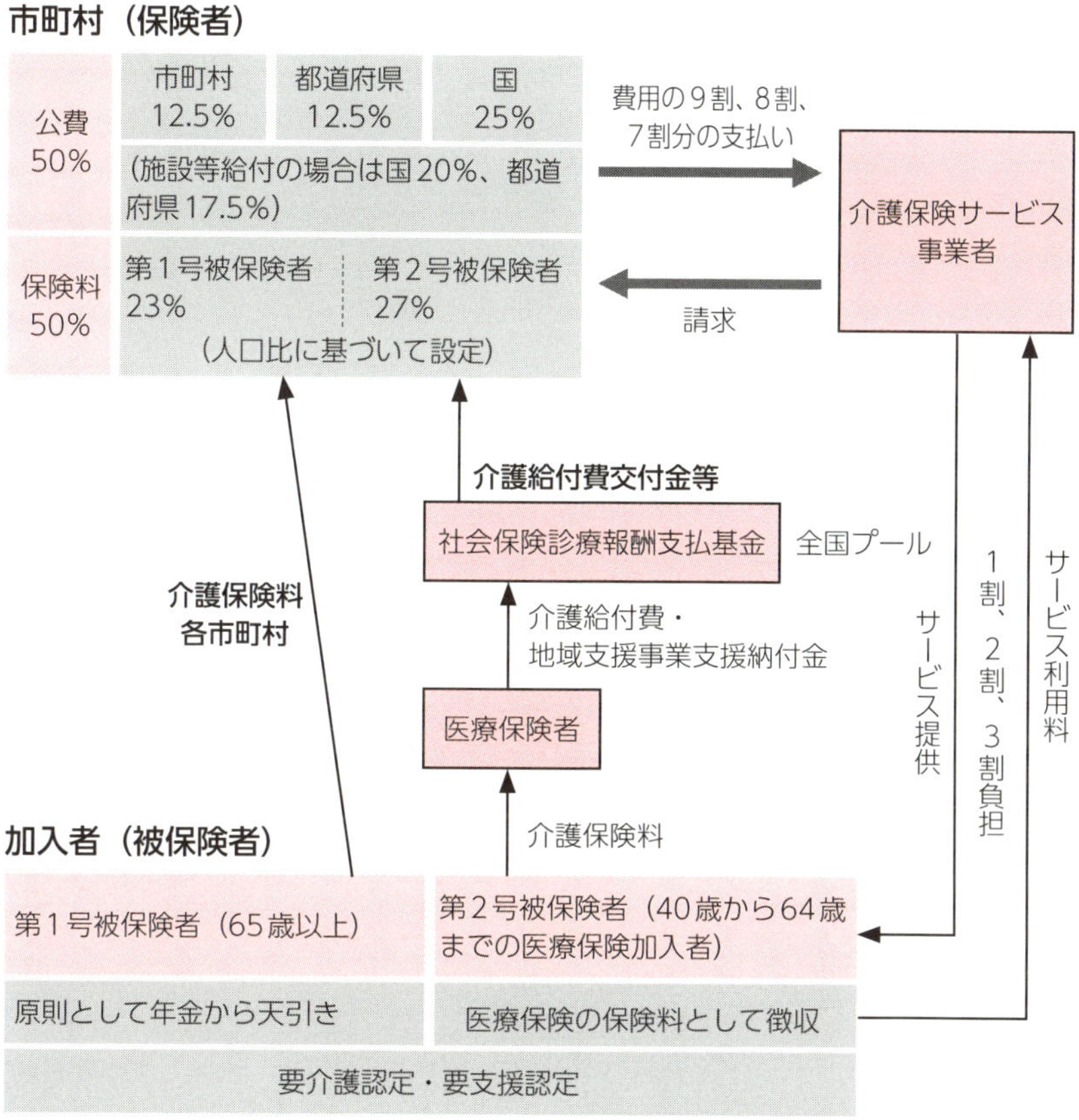

介護保険サービスの利用の流れ

基本チェックリストで非該当の場合でも、一定の基準に達すると介護予防・日常生活支援総合事業の対象になります。

要介護認定の申請

まず、住所のある市町村に申請して介護が必要であるという認定を受けなければなりません。基本チェックリストの結果、または明らかに介護が必要である場合は、役所の担当窓口に、「**要介護認定・要支援認定申請書**」に介護保険証を添えて提出します。第1号被保険者は誰でも申請できますが、第2号被保険者の場合は介護保険法で定める**特定疾病の患者**に限られます。

申請がなされると、本人の状態を確認するために、市町村の調査員が本人の自宅や入院先などを訪問して聞き取りをします。

訪問による認定調査が終わると、聞き取り調査の回答がコンピュータ処理され、1次判定が行われます。その結果をもとに、市町村が設置する介護認定審査会において2次判定が行われ、最終的に市町村が**要介護度**を決定して本人に通知します。

サービス開始までの流れ

認定調査・審査を経て要介護・要支援認定を受けた利用者は、ケアマネジャーを選んで契約します。サービス提供事業者は**ケアマネジャーが紹介**することがほとんどですが、それぞれの事業者との**契約は利用者が個別**に行います。施設に入所する場合も、**申込みは利用者**が行います。

●申請から認定結果通知までの流れ

（原則30日以内）

市町村に申請　「要介護認定・要支援認定申請書」「介護保険証（介護保険被保険者証）」を提出

↓

認定調査　訪問調査　主治医意見書作成

↓

認定審査　一次判定（コンピュータ判定）
二次判定（介護認定審査会）
↓
市町村が要介護度等を決定

↓

判定結果通知　認定結果通知書と介護保険証（要介護状態区分、有効期限等記載）を送付*

＊不服がある場合は都道府県が設置する介護保険審査会に、処分があったことを知った日の翌日から起算して3か月以内に審査請求ができる。

●サービス開始までの流れ

要介護1～5		要支援1・2
在宅でサービスを利用	施設入所	介護予防サービスを利用
①居宅介護支援事業者に依頼 ②計画原案の作成（ケアマネジャー） ③サービス担当者会議 ④介護サービス計画（ケアプラン）の作成 ⑤利用者への説明・同意 ⑥在宅サービス提供事業者と契約	①施設に本人が申込み ②施設との契約 ③施設に入所 ④施設サービス計画作成 ⑤利用者への説明・同意	①地域包括支援センター（委託された居宅介護支援事業者） ②介護予防サービス計画（ケアプラン）の作成 ③サービス担当者会議 ④利用者への説明・同意

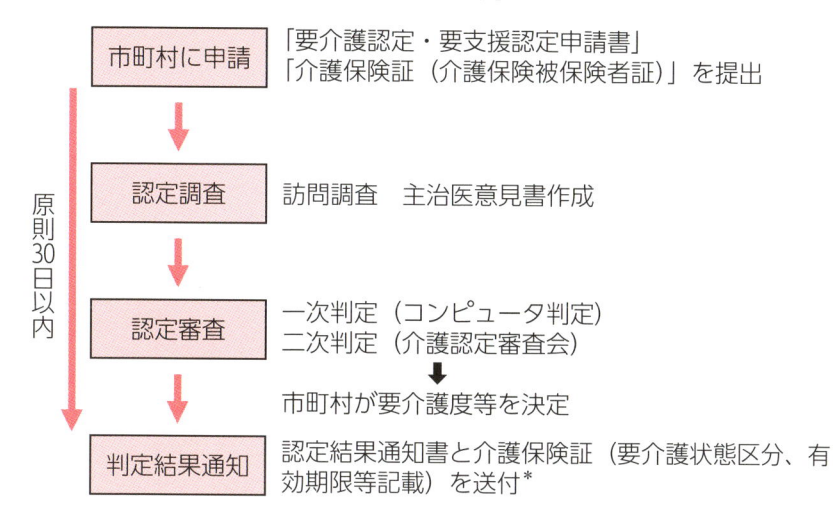

ケアプランの作成

利用者等からの相談を受け、アセスメントによる情報収集に基づき、ケアマネジャーがケアプランを作成します。

アセスメント

ケアプランを作成するためには、まず**アセスメント**を行います。アセスメントにより、利用者の置かれている状況の把握、生活上の支障や要望等に関する情報を収集し、**解決すべき生活課題**を把握します。

課題分析標準項目に基づき、基本情報に関する項目、課題分析に関する項目について確認していきます。利用者の居宅を訪問し、利用者及び家族と面接して行います。

なお、課題分析標準項目は、2024年4月から始まった新たな法定研修を踏まえて見直され、標準項目名のほか、「項目の主な内容（例）」の記載が解釈の違いによる差異が生じないよう加筆されています。

ケアプランの作成

解決すべき生活課題のための目標設定を行い、目標の設定時期や総合的な援助方針を設定し、ケアプラン原案を作成します。

ケアプラン原案は**サービス担当者会議**により、検討・調整が行われます。専門的な視点から検討し、利用者本人も参加して内容を検討し、利用者の同意を得てケアプランが確定します。そして、ケアプランをもとに、**サービス事業者と利用者の間で契約**が行われ、サービスが提供されます。

●ケアプラン作成の流れ

アセスメント

↓
- 情報の収集
- 課題の把握
- 短期目標、長期目標の検討

ケアプラン原案の作成

↓
- 居宅サービス計画書(1)【第1表】➡ 総合的な援助の方針
- 居宅サービス計画書(2)【第2表】➡ 短期目標、長期目標の設定
- 週間サービス計画表【第3表】➡ 週間計画の立案

サービス担当者会議

↓
- 利用者、家族、サービス提供事業者など関係機関との情報交換
- 課題、目標の共有

利用者の同意

↓

ケアプランの確定

↓
- 利用者へのケアプラン交付
- 関係機関へのケアプラン交付
- 主治の医師へのケアプラン交付（医療サービスを位置付けた場合）

利用者と事業者の契約

↓
- 事業者による個別サービス計画の作成

サービス提供の開始

居宅サービス計画書（1）

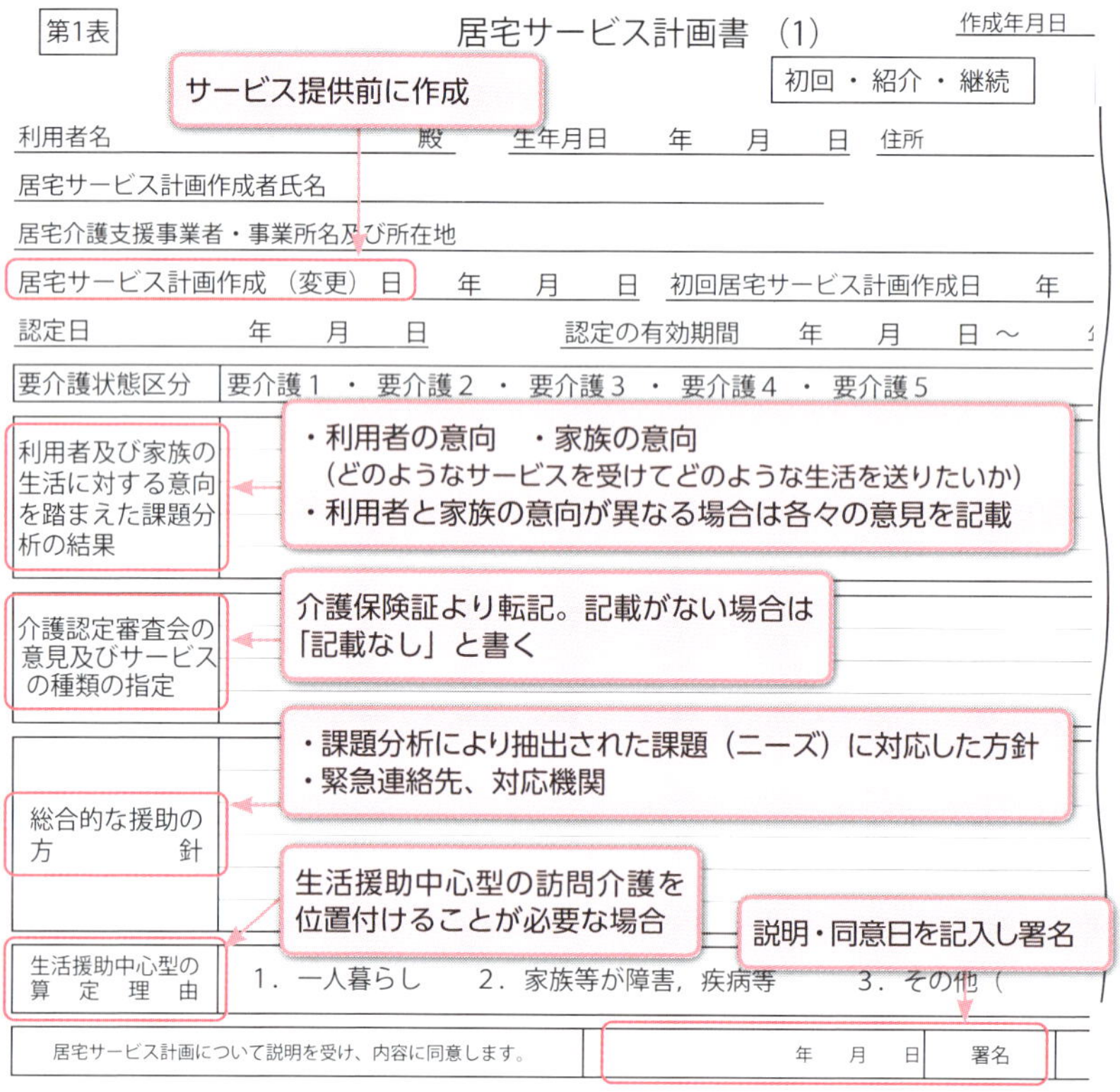

居宅サービス計画書(1)

居宅サービス計画書(1)は、利用者及び家族の意向をもとに、居宅サービス計画全体の援助方針の方向性を示すものです。利用者がどのような生活を送ることを望んでいるか、家族がどのように利用者を支えていこうと考えているか、それらの意向に沿った適切なサービスを検討します。

サービス提供前に、サービス担当者会議で話し合い、利用者及び家族の意向を十分に反映したものとして作成しなければなりません。

居宅サービス計画書（2）

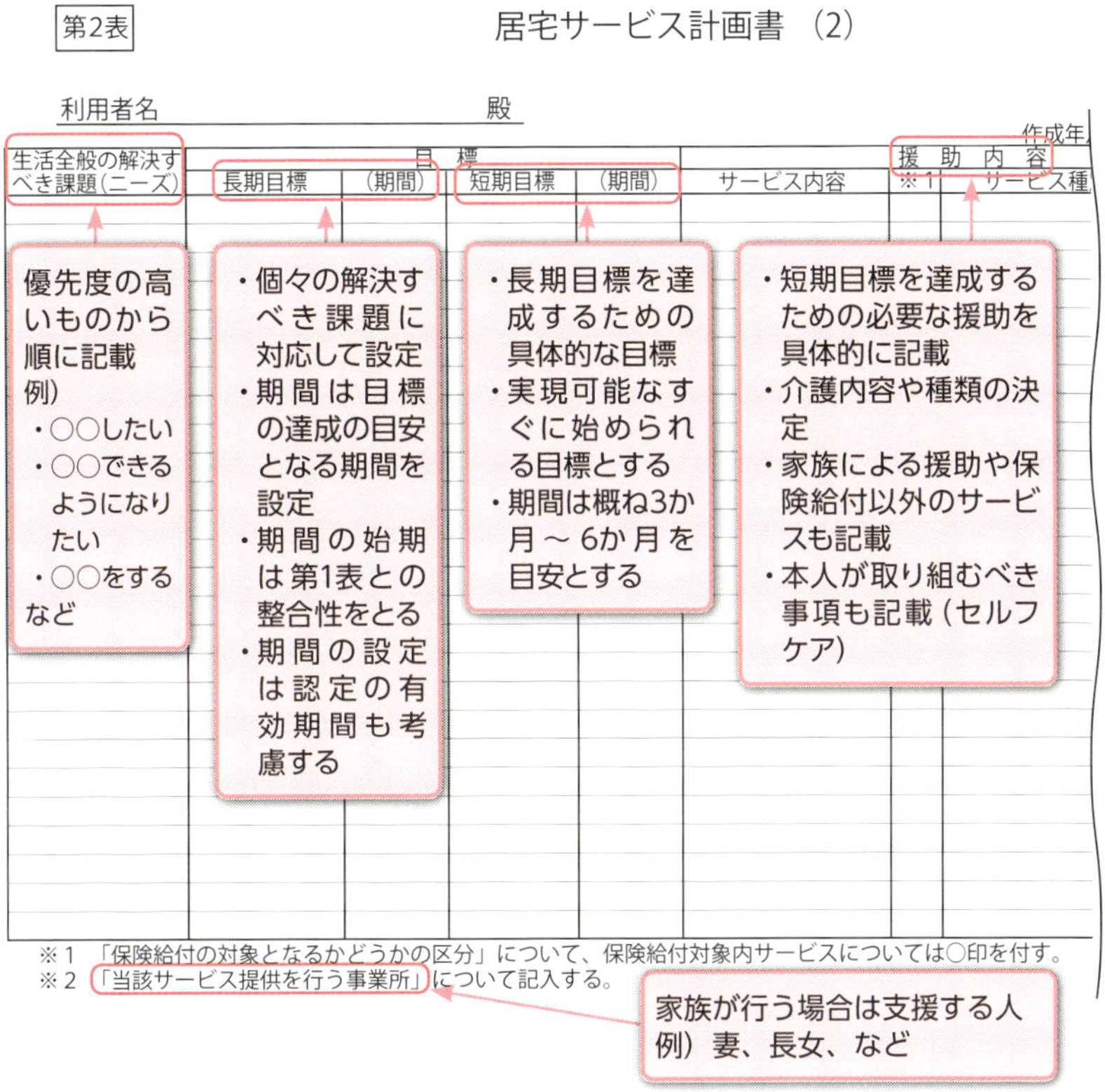
第2表
居宅サービス計画書 （2）
利用者名 殿
作成年
生活全般の解決すべき課題（ニーズ）
目標
長期目標 （期間）
短期目標 （期間）
援助内容
サービス内容
※1
サービス種
優先度の高いものから順に記載
例）
・○○したい
・○○できるようになりたい
・○○をする
など
・個々の解決すべき課題に対応して設定
・期間は目標の達成の目安となる期間を設定
・期間の始期は第1表との整合性をとる
・期間の設定は認定の有効期間も考慮する
・長期目標を達成するための具体的な目標
・実現可能なすぐに始められる目標とする
・期間は概ね3か月～6か月を目安とする
・短期目標を達成するための必要な援助を具体的に記載
・介護内容や種類の決定
・家族による援助や保険給付以外のサービスも記載
・本人が取り組むべき事項も記載（セルフケア）
※1 「保険給付の対象となるかどうかの区分」について、保険給付対象内サービスについては○印を付す。
※2 「当該サービス提供を行う事業所」について記入する。
家族が行う場合は支援する人
例）妻、長女、など

居宅サービス計画書(2)

居宅サービス計画書(2)は、アセスメントにより明らかとなった解決すべき生活課題（ニーズ）について、長期目標と短期目標を立て、その達成に向けた具体的な援助内容を示します。

長期目標、短期目標とも、達成期限の目安を定めることもこの計画の基本です。そして、これらの目標は利用者にとって現実的に実現が可能なものとすることが大切です。保険給付以外の家族による援助などのインフォーマルサービスや本人自身が取り組むべきことも記載します。

週間サービス計画表

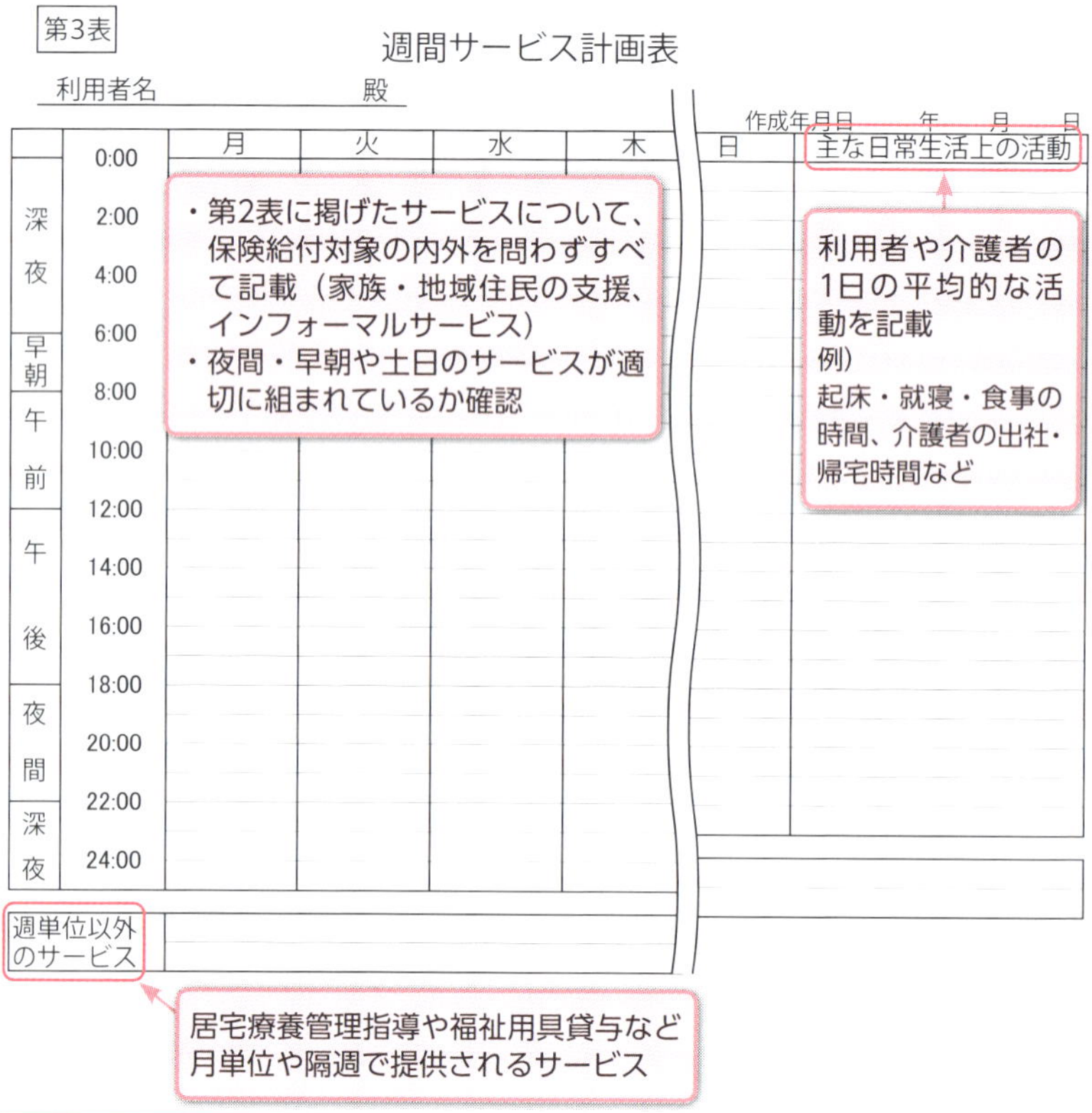

週間サービス計画表

週間サービス計画表は、**第2表**で掲げられた**具体的な援助内容**（サービス）を、介護保険給付対象の内外を問わずすべて記載します。**週単位**で実施するサービスについて、曜日・時間を記載して、週を通したサービス内容を確認できるようにします。そのほか、週単位以外のサービスについても下段に記載します。

週を通して見ることで、たとえば早朝・深夜のサービス内容が適切かどうか、また利用者の1日の活動時間に沿っているかなどを確認することができます。

●居宅サービス提供の流れ

①利用者はケアプラン作成事業所（居宅介護支援事業所）を選び契約

⬇

担当ケアマネジャーとケアプランの相談

②ケアプランは利用者、家族の同意を得て、交付

③ケアプランに基づき、居宅サービス事業者を選ぶ

⬇

居宅サービス事業者にサービス提供票を交付

④利用者と居宅サービス事業者が契約

⬇

サービス提供開始

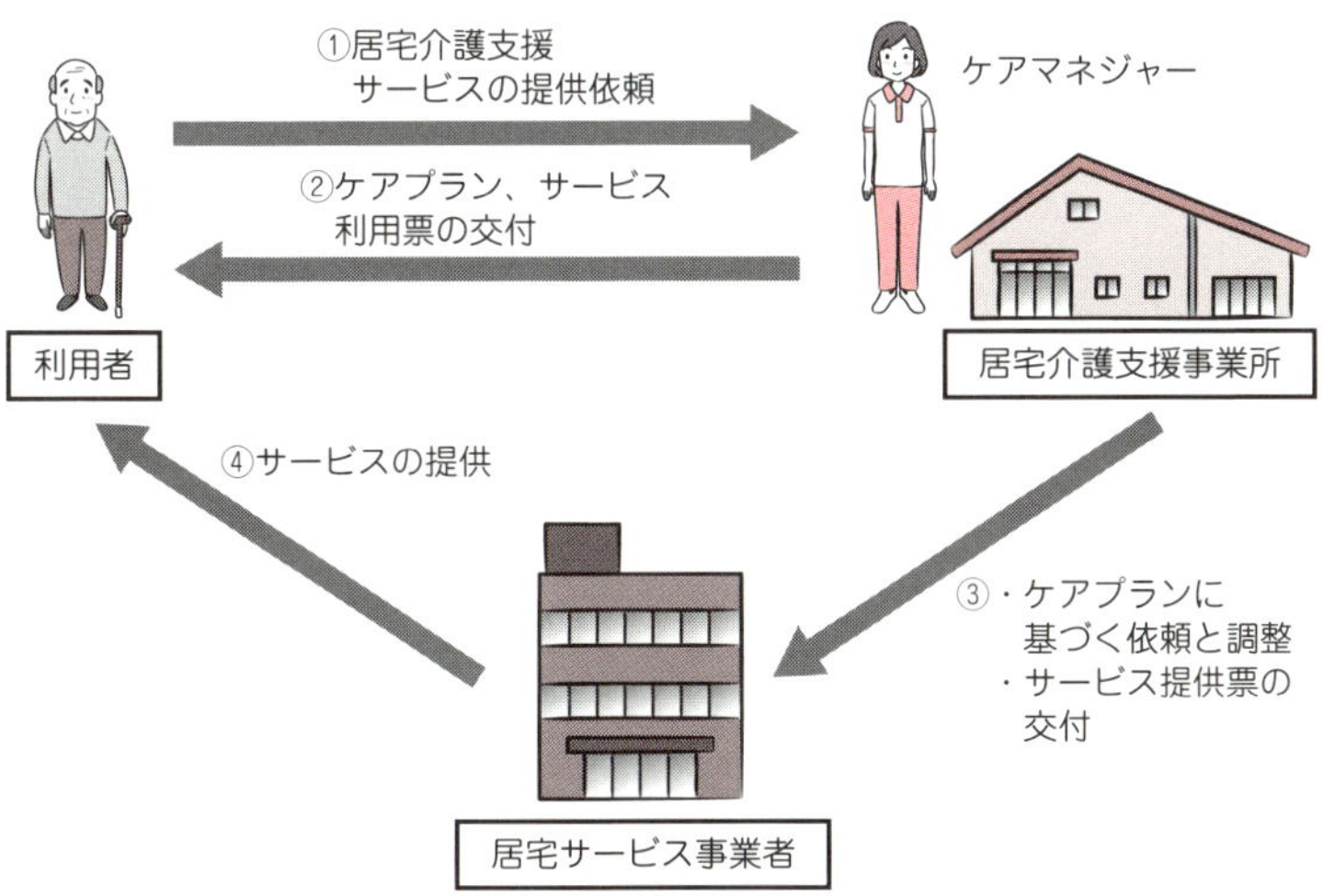

介護保険サービスの種類

「要支援」は予防給付が、「要介護」は居宅サービス、地域密着型サービスなどの介護給付が受けられます。自立の場合は「非該当」です。

要介護度別のサービス

要支援1・2、要介護1から5の7段階ある要介護度のうちどの区分であるかによって**受けられるサービス**やその**限度額**が変わります。

それぞれに、自宅などに訪問してもらって利用するもの、通所して利用するもの、施設に入所して利用するものなどさまざまなサービスがあります。

介護給付を行うサービス

要介護1から5が対象となる介護給付には、居宅サービス、地域密着型サービス、施設サービスがあります。

居宅サービスは、自宅（居宅）にいながら受けるサービスです。特定施設と指定された有料老人ホームなども居宅とみなされます。

地域密着型サービスは、住み慣れた地域で暮らすことができるように設定されたサービスで、市町村が指定・監督を行います。

施設サービスは、介護保険施設に入所して受けるサービスです。

予防給付を行うサービス

要支援1・2の場合に受けられる予防給付には、介護予防サービスと地域密着型介護予防サービスがあります。**要介護になるのを予防**するために、なるべく自分で行えるような支援が基本です。

●介護保険サービスの種類

〔居宅サービス〕　　※ 予 は予防給付も含む

訪問系	**訪問介護**	居宅で提供する介護や日常生活上の世話（食事、トイレ、入浴など）
	訪問入浴介護 予	浴槽を提供し居宅で入浴の介護を行う
	訪問看護 予	居宅に看護師等が訪問し、医師の指示に基づいて療養上の世話、診療の補助を行う
	訪問リハビリテーション 予	居宅に理学療法士、作業療法士等が訪問し、医師の指示に基づいて理学療法、作業療法等を行う
	居宅療養管理指導 予	居宅に医師、歯科医師、薬剤師等が訪問し、療養上の管理と指導を行う
住環境	**福祉用具貸与** 予	厚生労働大臣が定めている、福祉用具をレンタルする
	特定福祉用具販売 予	厚生労働大臣が定めている、歩行器や歩行補助つえ、入浴やトイレで使用する特定福祉用具を販売する
	住宅改修 予	厚生労働大臣が定めている住宅改修のための費用を保険給付する
通所系	**通所介護**	デイサービスセンター等の施設で、介護、日常生活上の世話や機能訓練を提供
	通所リハビリテーション 予	介護老人保健施設や医療機関で、医師の指示に基づいた理学療法、作業療法等を行う
短期入所・居住系	**短期入所生活介護** 予	特別養護老人ホーム等への短期間入所者に対し、日常生活上の世話や機能訓練を行う
	短期入所療養介護 予	介護老人保健施設や医療機関の短期間入所者に対し、看護、医療、介護、機能訓練、日常生活上の世話を行う
	特定施設入居者生活介護 予	有料老人ホーム等の入居者に対し、介護、日常生活上・療養上の世話や機能訓練を行う

〔施設サービス〕

介護老人福祉施設	医療ニーズが比較的低い要介護3以上の人に対して生活全般の介護サービスを提供する（特別養護老人ホーム）
介護老人保健施設	急性期を過ぎて病状が安定した利用者がリハビリテーション、看護、医療を受け、在宅生活への復帰を目指す
介護医療院	長期的な医療的ケアと日常生活上の介護ニーズとを併せ持つ施設

〔地域密着型サービス〕

訪問系	**夜間対応型訪問介護**	夜間に定期的な巡回訪問を行い、または通報により訪問して、介護、日常生活上の世話、緊急時の対応などを行う
訪問系	**定期巡回・随時対応型訪問介護看護**	日中、夜間を通して訪問看護と訪問介護が連携し、1日複数回の定期巡回訪問や随時の対応を行う
訪問系	**看護小規模多機能型居宅介護**	小規模多機能型居宅介護に訪問看護の機能を組み合わせて提供するサービス
通所系	**地域密着型通所介護**	定員19人未満の小規模な事業所（老人デイサービスセンター等）で介護、日常生活上の世話、機能訓練などを行う
通所系	**認知症対応型通所介護** 予	認知症の利用者に対し、デイサービスセンター等で介護、日常生活上の世話、機能訓練などを行う
通所系	**小規模多機能型居宅介護** 予	通いを中心としながら訪問、短期間の宿泊などを組み合わせ、介護、日常生活上の世話、機能訓練などを行う
入所系	**認知症対応型共同生活介護** 予	比較的安定した状態にある認知症の利用者に対し、共同生活住居で介護、日常生活上の世話、機能訓練などを行う
入所系	**地域密着型特定施設入居者生活介護**	定員30人未満の有料老人ホームの入所者に対して、介護、機能訓練、健康管理や療養上の世話などを行う
入所系	**地域密着型介護老人福祉施設入所者生活介護**	定員30人未満の介護老人福祉施設の入所者に対して、介護、機能訓練、健康管理や療養上の世話などを行う

Part 3

居宅介護支援事業所・居宅サービス

居宅介護支援・介護予防支援

2024年度の介護報酬改定では、特定事業所加算や逓減制の緩和など多くの見直しが行われました。

基本報酬を追加

2024年4月から、居宅介護支援事業者も市町村から直接指定を受けて、**介護予防支援**を実施できるようになりました。改定前までは、地域包括支援センター（以下、包括）のみが指定事業者で、居宅介護支援事業者が介護予防支援を行うのは、包括から委託を受けた場合のみでした。

この改定を受け、介護予防支援の基本報酬が見直されました。従来の①包括が行う場合（居宅介護支援事業者に委託も可能）に、②**居宅介護支援事業者が直接指定を受けて行う場合**が追加され、2区分になりました。いずれも単位数は改定前より引き上げられています。

②の居宅介護支援事業者が直接指定を受けて介護予防支援を実施する場合、人員基準について次の特例が設けられました。

・管理者以外は、ケアマネジャーのみの配置で事業の実施が可能

・管理者は主任ケアマネジャーとし、介護予防支援事業所の管理に支障が無い場合は他事業所の職務と兼務が可能（居宅介護支援との兼務が可能）

居宅介護支援事業所が現在の体制を維持したまま円滑に介護予防支援の指定を受けられるための見直しです。

なお、居宅介護支援の基本報酬も引き上げられています。

●基本報酬のプラス改定

居宅介護支援費（Ⅰ）

・居宅介護支援費（Ⅱ）を算定していない事業所

居宅介護支援（ⅰ）	改定前	改定後	増減
要介護１・２	1,076単位	1,086単位	+10単位
要介護３・４・５	1,398単位	1,411単位	+13単位
居宅介護支援（ⅱ）			
要介護１・２	539単位	544単位	＋５単位
要介護３・４・５	698単位	704単位	＋６単位
居宅介護支援（ⅲ）			
要介護１・２	323単位	326単位	＋３単位
要介護３・４・５	418単位	422単位	＋４単位

居宅介護支援費（Ⅱ）

・指定居宅サービス事業者等との間で居宅サービス計画に係るデータを電子的に送受信するためのシステムの活用及び事務職員の配置を行っている事業所

居宅介護支援（ⅰ）	改定前	改定後	増減
要介護１・２	1,076単位	1,086単位	+10単位
要介護３・４・５	1,398単位	1,411単位	+13単位
居宅介護支援（ⅱ）			
要介護１・２	522単位	527単位	＋５単位
要介護３・４・５	677単位	683単位	＋６単位
居宅介護支援（ⅲ）			
要介護１・２	313単位	316単位	＋３単位
要介護３・４・５	406単位	410単位	＋４単位

●介護予防支援の基本報酬

実施事業所等	改定前	改定後	増減
地域包括支援センター	438単位	442単位	＋４単位
指定居宅介護支援事業所	—	472単位	（新規）

介護予防支援の取扱いを差別化

②の居宅介護支援事業者が直接指定を受けて介護予防支援を実施する場合に対し、**加算**が設けられました。

居宅介護支援と同様に、①特別地域加算、②中山間地域等における小規模事業所加算、③中山間地域等に居住する者へのサービス提供加算の対象となりました。

人員基準同様、居宅介護支援事業所が現在の体制を維持したまま円滑に介護予防支援の指定を受けられるようにするための見直しです。

逓減制の更なる緩和

2021年度の介護報酬改定で、ケアマネジャー（常勤換算）1人当たりの取扱件数が40件以上の場合及び60件以上となる場合に基本報酬を段階的に逓減させていたところ、**ICTの活用**や**事務職員の配置**をしている場合には「40件以上」を「45件以上」とする「逓減制の緩和」が実施されました。

2024年度改定では、一定の要件を満たした場合に、「45件未満」だった上限が「**50件未満**」までと、更なる緩和が行われました。

一定要件とは、「**ケアプランデータ連携システムの活用**」と「**事務職員の配置**」の両方を満たす、という内容になっています。

なお、逓減制の緩和を適用しない場合にも、取扱件数は「40件未満」から「45件未満」に引き上げが行われています。

更に、要支援者に係る利用者1人当たりの1か月間の労働投入時間が2割程度減少していることなどから、居宅介護支援費の算定に当たっての取扱件数の算出に当たり、指定介護予防支援の提供を受ける利用者数については、2分の1で計算されていたのが、3分の1に変更されました。

介護予防支援を行う場合に対する新加算

①特別地域加算	所定単位数の15%を加算
②中山間地域等における小規模事業所加算	所定単位数の10%を加算
③中山間地域等に居住する者へのサービス提供加算	所定単位数の5%を加算

逓減制の更なる緩和

例：要介護3・4・5の場合

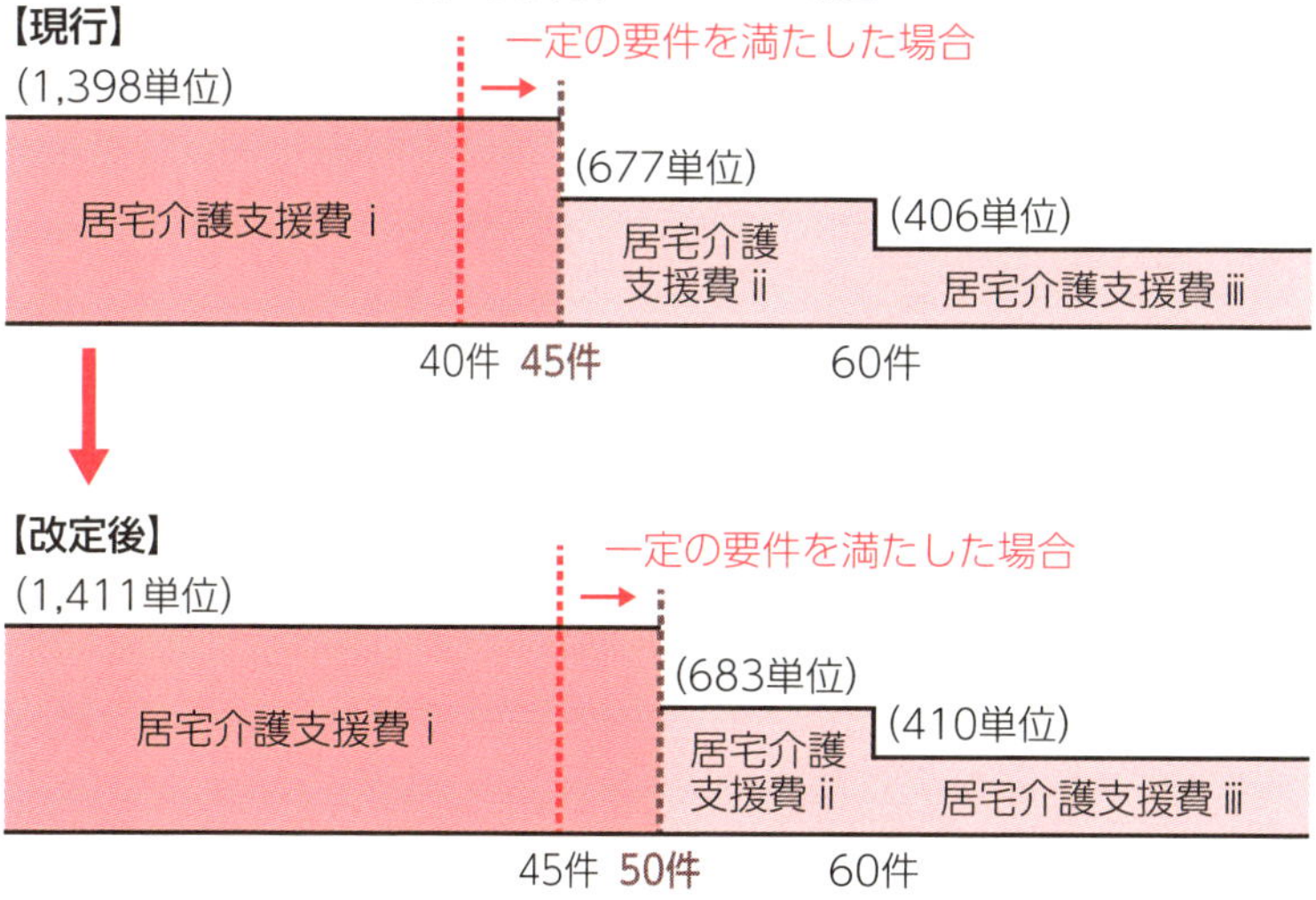

資料／厚生労働省「令和6年度介護報酬改定における改訂事項について」

メモ

基本報酬の逓減制

居宅介護支援事業所の基本報酬の逓減制とは、ケアマネジャー1人当たりの担当件数が一定数以上になると、その一定数以上の利用者について、基本報酬が低くなるというしくみです。

オンラインモニタリング

一定の要件を満たした場合、テレビ電話装置その他の情報通信機器を活用したモニタリングが可能となりました。

要件は、次の3つになります。

①**利用者の同意**を得る

②サービス担当者会議等において、3つの項目（利用者の状態が安定している、利用者がテレビ電話装置等を介して意思疎通ができる、他のサービス事業者との連携により情報を収集する）について**主治医、担当者その他の関係者の合意**を得る

③少なくとも**2か月に1回**（介護予防支援は6か月に1回）は**利用者宅を訪問**する

利用割合の説明責任が緩和

2021年度改定で、前6か月間に作成したケアプランにおける、訪問介護、通所介護及び福祉用具貸与の**各サービスの割合と同一事業者によって提供されたものの割合**を、契約時に説明することが義務付けられていました。公正中立性の確保という観点からの見直しでした。

しかし、説明を受けたことで割合の高い事業者を選んでしまう利用者が一定数おり、かえって特定の事業所を選択することを助長してしまうケースがあることなどから、2024年度改定では、この説明が**努力義務に緩和**されました。

同一建物に居住する利用者

介護報酬は、業務に要する手間やコストを評価するものです。厚労省によると、ケアマネジメントについて、利用者にサ高住の入居者がいる場合、それ以外の場合と比較して、所要時間が3割程度少ないということがわかりました。

そこで、これまで訪問介護等に適用されていた**同一建物減算**が、居宅介護支援にも適用されることとなりました。**所定単位数の5%が減算**されることとなります。

オンラインでのモニタリングの方法

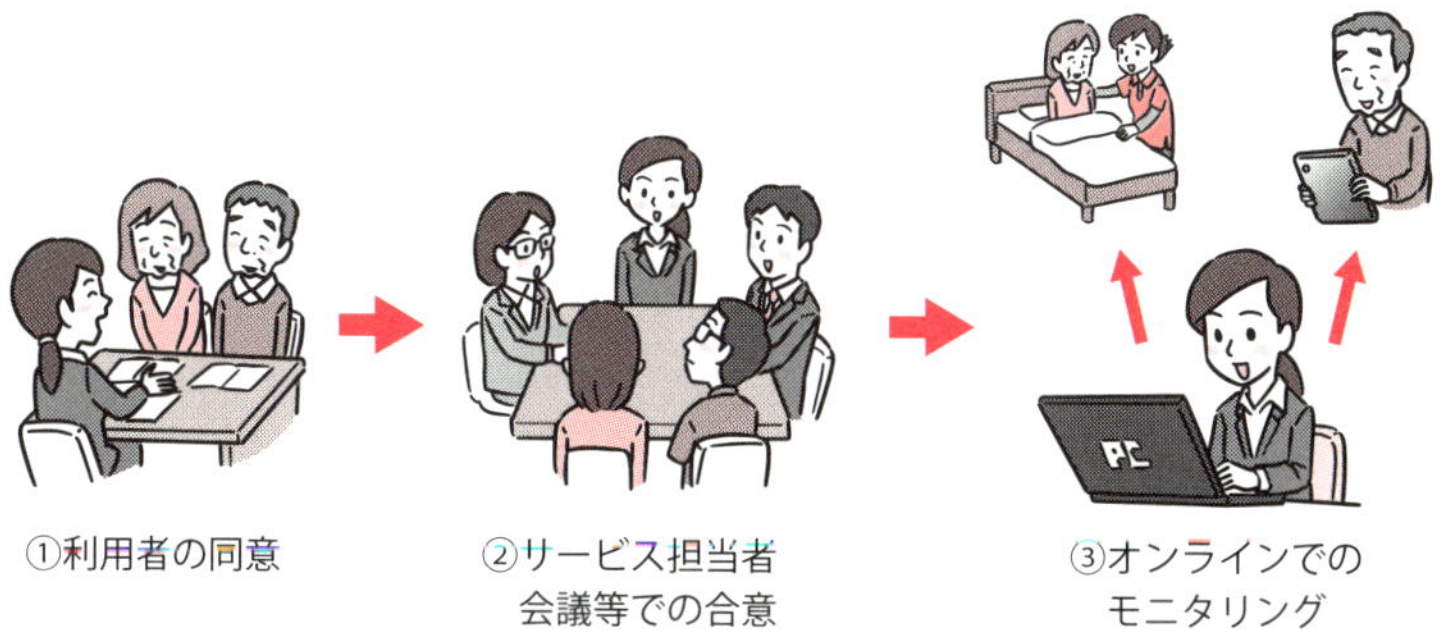

同一建物に居住する利用者へのケアマネジメント（新設）

・指定居宅介護支援事業所の所在する建物と同一の敷地内、隣接する敷地内の建物または指定居宅介護支援事業所と同一の建物に居住する利用者

・指定居宅介護支援事業所における１月当たりの利用者が同一の建物に20人以上居住する建物（上記を除く）に居住する利用者

↓

所定単位数の95％を算定

特定事業所加算のプラス改定

	改定前	改定後	増減
特定事業所加算Ⅰ	505単位／月	519単位／月	+14単位
特定事業所加算Ⅱ	407単位／月	421単位／月	+14単位
特定事業所加算Ⅲ	309単位／月	323単位／月	+14単位
特定事業所加算A	100単位／月	114単位／月	+14単位

特定事業所加算の見直し

2024年度改定では4つの区分のすべてで単位の引き上げが行われたほか、算定要件について次の4つの見直しが行われました。

①多様化・複雑化する課題への対応

近年、ケアマネジャーは、孤独・孤立やヤングケアラー、障害者支援など多様化・複雑化した課題に直面し、介護保険制度以外の支援につなげていく役割を求められることが増えています。そこで、改定では、ヤングケアラー、障害者等、他制度に関する知識等に関する事例検討会、研修等に参加することが求められました。

②（主任）ケアマネジャー・ケアマネジャーの専任要件の見直し

主任ケアマネジャー・ケアマネジャーの専任要件について、居宅介護支援事業者が介護予防支援の提供や包括の委託を受けて総合相談支援事業を行う場合は、これらの事業との兼務が可能であることが明確化されました。これは、2024年4月から居宅介護支援事業者が介護予防支援の指定や包括の総合相談支援事業の委託を受けられるようになったことを踏まえたものです。

③「運営基準減算」についての要件を削除

改定前の「居宅介護支援費に係る運営基準減算又は特定事業所集中減算の適用を受けていないこと」という要件について、運営基準減算についての規定が削除され、「特定事業所集中減算の適用を受けていないこと」のみとなりました。両減算とも、毎月の確認作業に一定の負担が生じているとの声があり、事業所の負担軽減を図った見直しとなりました。

④逓減制の緩和を受けた見直し

今改定で逓減制の緩和が行われたことを受け、居宅介護支援費Ⅰでは40件未満から45件未満に、居宅介護支援費Ⅱでは45件未満から50件未満に変更されました。

●特定事業所加算の変更点

算定要件	改定前	改定後
①多様化・複雑化する課題への対応	包括等が実施の事例検討会等への参加	ヤングケアラー、障害者、生活困窮者、難病患者等、他制度に関する知識等に関する事例検討会、研修等に参加
②(主任) ケアマネジャーの専任要件の見直し	専ら指定居宅介護支援の提供に当たる主任介護支援専門員を配置 Ⅰ：２名以上 Ⅱ：１名以上 Ⅲ：１名以上 Ａ：１名以上	(下記の要件を追加) 利用者への支障が無い場合は、当該事業所の他の職種との兼務、または、同一敷地内にある指定介護予防支援事業所の職務が兼務可能
	専ら指定居宅介護支援の提供に当たる常勤の介護支援専門員を配置 Ⅰ：３名以上 Ⅱ：３名以上 Ⅲ：２名以上 Ａ：常勤・非常勤各１名以上	(下記の要件を追加) 利用者への支障が無い場合は、当該事業所の他の職種との兼務、または、同一敷地内にある他の事業所の職務が兼務可能
③「運営基準減算」についての要件を削除	居宅介護支援費に係る運営基準減算又は特定事業所集中減算の適用を受けていないこと	居宅介護支援費に係る特定事業所集中減算の適用を受けていないこと
④逓減制の緩和を受けた見直し	居宅介護支援費Ⅰ:40名未満 居宅介護支援費Ⅱ:45名未満	居宅介護支援費Ⅰ:45名未満 居宅介護支援費Ⅱ:50名未満

居宅サービス

訪問系サービス、通所系サービス、短期入所サービス、居住系サービス、その他のサービスの5つに大きく分けることができます。

居宅で暮らす利用者向け

介護保険では、「自宅」という言葉ではなく、「居宅」という言葉が用いられています。居宅には、利用者の自宅だけでなく、**自宅に準ずる場所**とされる介護付き有料老人ホームやサービス付き高齢者向け住宅なども含まれます。この居宅で暮らす利用者に向けて、介護保険を利用して提供されるのが居宅サービスです。

都道府県の指定を受ける

居宅サービスは、所定の要件を満たし、都道府県知事に申請をして、指定を受けた事業所が提供します。居宅サービスは、その内容から、訪問系サービス、通所系サービス、短期入所サービス、居住系サービス、住環境のサービスの5つに大きく分けることができます。

訪問系サービスは、**訪問介護**、**訪問入浴介護**、**訪問看護**、**訪問リハビリテーション**、**居宅療養管理指導**の5種類です。

通所系サービスは、**通所介護**、**通所リハビリテーション**の2種類で、短期入所サービスも**短期入所生活介護**と**短期入所療養介護**の2種類です。

そして、居住系サービスとして**特定施設入居者生活介護**、住環境のサービスとして**福祉用具**（貸与・販売）と**住宅改修**があります。

サービスの種類と内容については31ページを参照してください。

なお、居宅サービスは、**要介護者**を対象にした「介護サービス（介護給付）」と、**要支援者**を対象にした「介護予防サービス（予防給付）」に大きく分けられます。

地域支援事業

要支援者が、全国一律の予防給付である介護予防サービスで受けられないものは、**訪問介護**と**通所介護**の2つになります。これらは、2014年の法改正により、各市町村の地域支援事業（介護予防・日常生活支援総合事業）に**移行**されたためです。

●要支援者が利用できないサービス

訪問介護	総合事業での利用
通所介護	総合事業での利用

そのほかは介護予防給付
での利用が可能です。

メモ

サービス内容と料金

居宅サービスや介護予防サービスは、内容や料金となっています。全国一律のサービスは、サービスごと・要介護度ごとに単位が設定されていますので、そこに地域区分で決められた金額を掛けて計算します。標準は1単位10円ですが、都市部ほど上乗せ割合が高くなっています。

なお、2024年度の介護報酬改定では、地域格差をより小さくするために、地域区分設定方法が変更されています。

ちなみに、総合事業は市区町村によって内容や料金が異なります。

訪問介護

訪問介護は、「ホームヘルプ」とも呼ばれ、訪問介護員が利用者の居宅を訪問し、日常生活上の援助を行うサービスです。

利用者の日常生活を支える

訪問介護とは、訪問介護員（介護福祉士や初任者研修の修了者等）が、利用者の居宅を訪問して行うサービスです。

提供される主なサービスは、「**身体介護**」「**生活援助**」「**通院等乗降介助**」の3つに分けられます。

身体介護とは、排泄や食事介助といった**利用者の身体に直接接触して行うサービス**のほか、利用者の自立や重度化防止のための**見守り的援助**などがあります。見守り的援助とは、たとえば、移動時に転倒しないように見守ったりすることをいいます。

生活援助は、調理や掃除など、**利用者本人の生活を援助する**サービスです。一人暮らしの人や、同居者がいても仕事などで家事のできない人を対象にしています。

通院等乗降介助は、介護タクシーともよばれます。通院や外出時に、訪問介護事業所のヘルパーが運転する車または交通機関への乗車や降車の介助などを行います。

なお、勘違いされがちですが、訪問介護は家事代行サービスではありません。家族のための買い物などの本人以外の家族のための家事や、正月のおせち料理づくり、ペットの散歩など、介護保険上ではできないことも多くあります。

基本報酬は引き下げ

２０２４年度改定では、**基本報酬が減算**されました。

訪問介護の２０２２年度の有効求人倍率はおよそ15倍（介護職全体では約３・５倍）と、その人材不足は深刻です。そのため、報酬改定の検討段階から基本報酬の増額を求める意見があり、基本報酬の引き下げに驚きの声が多く上がりました。国は、訪問介護は介護職員等処遇改善加算で他のサービスよりも高い加算率（14・５〜24・５％）が設定されており、これにより、訪問介護職員の賃上げも見込めるとしています。

基本報酬のマイナス改定

訪問介護費		改定前	改定後	増減
身体介護	20分未満	167単位	163単位	－４単位
身体介護	20分以上30分未満	250単位	244単位	－６単位
身体介護	30分以上１時間未満	396単位	387単位	－９単位
身体介護	１時間以上１時間30分未満	579単位	567単位	－12単位
身体介護	以降30分を増すごとに	84単位	82単位	－２単位
生活援助	20分以上45分未満	183単位	179単位	－４単位
生活援助	45分以上	225単位	220単位	－５単位
生活援助	身体介護に引き続き生活援助を行った場合	67単位	65単位	－２単位
通院等乗降介助		99単位	97単位	－２単位

特定事業所加算の見直し

看取り期の利用者など重度者へのサービス提供や中山間地域等で継続的なサービス提供を行っている事業所を適切に評価するため、特定事業所加算について見直しが行われました。

厚労省の調査によると、約4割の事業所が看取り期の利用者にサービスの提供を行っており、ケアマネへの報告・相談回数の増加や医師・訪問看護師等との連携によるサービス提供体制の構築を行っている実態があり、これらの取組を評価するための見直しとなりました。

特定事業所加算の改定

〈現行〉

特定事業所加算（Ⅰ）	所定単位数の20%を加算
特定事業所加算（Ⅱ）	所定単位数の10%を加算
特定事業所加算（Ⅲ）	所定単位数の10%を加算
特定事業所加算（Ⅳ）	所定単位数の5%を加算
特定事業所加算（Ⅴ）	所定単位数の3%を加算

▶

〈改定後〉

特定事業所加算（Ⅰ）	所定単位数の20%を加算	
特定事業所加算（Ⅱ）	所定単位数の10%を加算	
特定事業所加算（Ⅲ）	所定単位数の10%を加算	
~~特定事業所加算（Ⅳ）~~	~~所定単位数の5%を加算~~	**（廃止）**
特定事業所加算**（Ⅳ）**	所定単位数の3%を加算	（従来のⅤ）**（変更）**
特定事業所加算（Ⅴ）	所定単位数の3%を加算	**（新設）**

身体的拘束等の適正化の推進

施設系、居住系、多機能系のサービスにおいては、身体拘束について運営基準で原則として禁止することを定めるなど、重視されていました。

しかし実際は、他のサービスでも一定数の身体拘束が報告されていることから、訪問介護を含む訪問系、通所系、福祉用具のサービス、居宅介護支援についても**身体拘束等の原則禁止と記録が義務付け**られることとなりました。

運営基準における身体的拘束等の規定の追加

- 指定訪問介護の提供に当たっては、当該利用者又は他の利用者等の生命又は身体を保護するため緊急やむを得ない場合を除き、身体的拘束その他利用者の行動を制限する行為（以下「身体的拘束等」という。）を行ってはならない。
- 身体的拘束等を行う場合には、その態様及び時間、その際の利用者の心身の状況並びに緊急やむを得ない理由を記録しなければならない。

身体的拘束の例

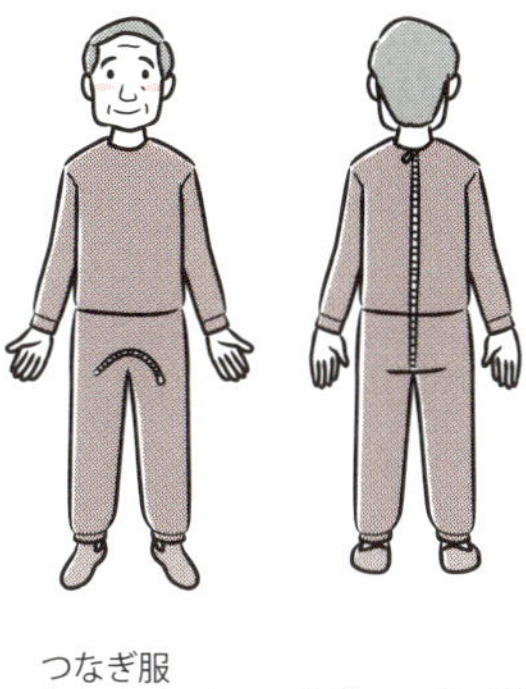

つなぎ服
（ファスナーにロックがついている）

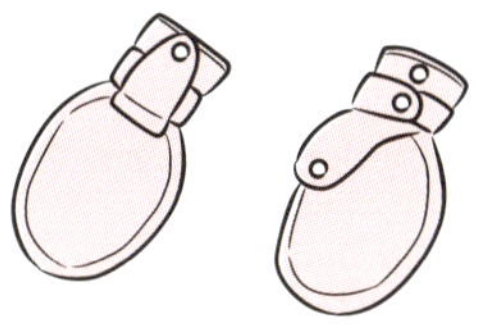

ミトン
（手首をベルトで固定している）

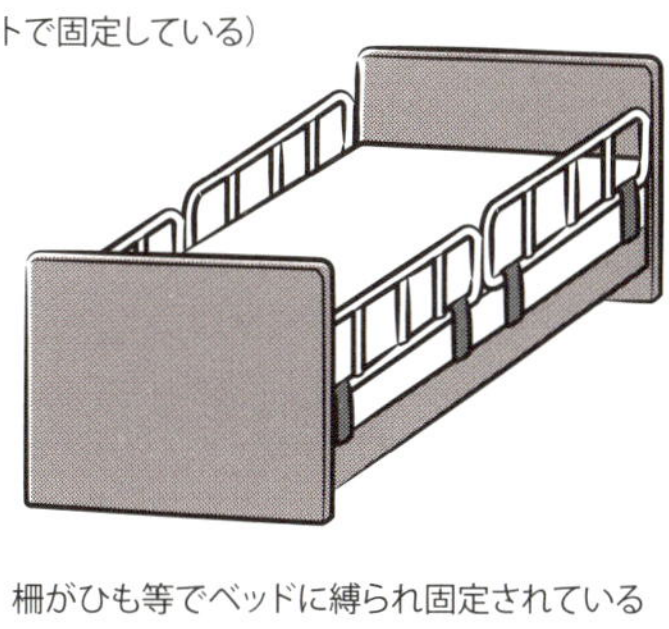

柵がひも等でベッドに縛られ固定されている

ス計画表

作成年月日　20XX 年　X 月　X 日

	金	土	日	主な日常生活上の活動
				起床 朝食・服薬
	通所介護 昼食、レクリエーション	訪問介護		
				昼食
				夕食・服薬
				就寝

③同一建物等居住者にサービス提供する場合の減算の明確化（新設）

④基本報酬のマイナス改定

⑤処遇改善加算を介護職員等処遇改善加算へ一本化

③同一建物等居住者にサービス提供する場合の減算の明確化（新設）	12%減算

前６月間の提供総数のうち、事業所と同一敷地内等に居住する者に提供されたものの占める割合が100分の90以上である場合に12%減算

④基本報酬のマイナス改定　→p.45

⑤介護職員等処遇改善加算への一本化　→p.13

ケアプランの例と介護報酬改定のポイント

〔事例〕
訪問介護事業所と同一敷地内に所在する建物に居住する認知症のある要介護２のAさん（66歳、女性）が、週に４回の訪問介護と週２回の通所介護（デイサービス）を利用している。

第３表

週間サ

利用者名　△△△△　殿

		月	火	水	木
深夜	0：00				
	2：00				
	4：00				
早朝	6：00				
午前	8：00				
	10：00	訪問介護	訪問介護	通所介護 昼食、レクリエーション	訪問
	12：00				
午後	14：00				
	16：00				
夜間	18：00				
	20：00				
深夜	22：00				
	24：00				

口腔に係る情報提供書を提出
①口腔連携強化加算（新設）

症状の進行の緩和につながるケアを実施
②認知症専門ケア加算の見直し

週単位以外のサービス	通院（月2回、次男同行）

改定のポイント

①口腔連携強化加算（新設）　50単位／回

事業所の従業者が、口腔の健康状態の評価を実施した場合において、利用者の同意を得て、歯科医療機関及び介護支援専門員に対し当該評価の結果を情報提供した場合に、１月に１回に限り所定単位数を加算

②認知症専門ケア加算の見直し

日常生活自立度Ⅱの者に対して適切に認知症の専門的ケアを行うことを評価する観点から、利用者の受け入れに関する要件を見直し

訪問入浴介護

訪問入浴介護では、今までは看取りに関する加算は設けられていませんでしたが、２０２４年度改定で新設されました。

自宅に浴槽を運び込んで行う

要介護度の高い寝たきりの利用者など、居宅の浴槽では入浴が困難な利用者に対して提供します。

看護職員１人と介護職員２人の３人体制で行います。利用者の状態が安定しており、主治医の確認を得た上であれば、介護職３人での実施も可能です。

介護予防訪問入浴介護では、原則看護職員１人と介護職員１人の２人体制で行います（利用者の状態が安定しており、主治医の確認が取れれば介護職員２人でも可）。

基本報酬は引き上げ

訪問入浴介護の基本報酬は、１回につき、看護職員１人と介護職員２人の計３人でサービスを提供した場合に、算定されます。

介護職員３人で行った場合は95／１００、**清拭または部分浴**を実施した場合は90／１００となります。２０２４年度改定では、基本報酬が引き上げられました。

看取りに関する加算が新設

これまで特別な評価のなかった訪問入浴介護における看取り期の利用者へのサービス提供について、新たな加算である**看取り連携体制加算**が創設されました。

看取り期という不安定な状態の利用者への支援を評価する加算が、初めて設けられました。

基本報酬のプラス改定（1回につき）

介護給付	改定前	改定後	増減
訪問入浴介護	1,260単位	1,266単位	＋6単位
介護予防訪問入浴介護	852単位	856単位	＋4単位

看取り連携体制加算（新設） 64単位／回
（死亡日及び死亡日以前30日以下に限る）

利用者基準

①医師が一般に認められている医学的知見に基づき**回復の見込みがない**と診断した者
②看取り期における対応方針に基づき、介護職員等から介護記録等利用者に関する記録を活用し行われるサービスの説明を受け、**同意**した上でサービスを受けている者

事業所基準

①訪問看護ステーション等との連携により、利用者の状態等に応じた対応ができる**連絡体制**を確保し、かつ、必要に応じて訪問看護等が提供されるよう訪問入浴介護を行う日時を**調整**していること
②看取り期における対応方針を定め、利用開始の際に、利用者や家族等に対して、説明し、**同意**を得ていること
③看取りに関する**職員研修**を行っていること

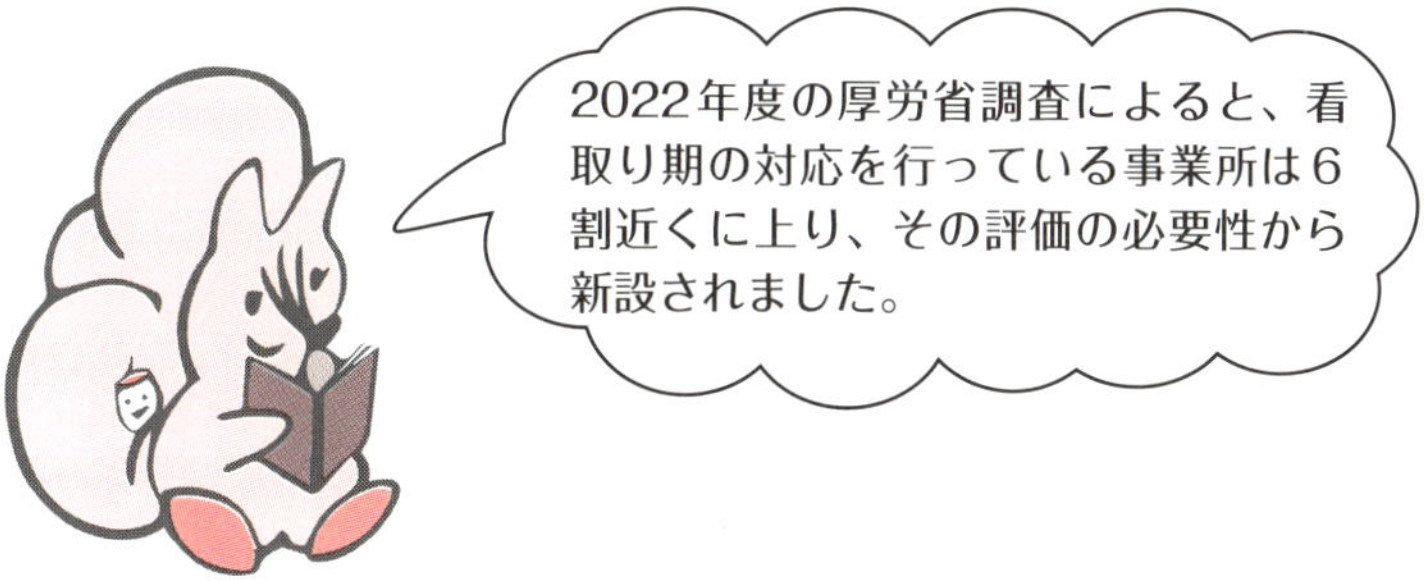
2022年度の厚労省調査によると、看取り期の対応を行っている事業所は6割近くに上り、その評価の必要性から新設されました。

訪問看護

2024年度改定では、看護職員によるサービスとリハビリ職によるサービスの評価を差別化する見直しなどが行われました。

居宅で看護を提供する

訪問看護は、居宅で療養している利用者に対し、看護職員（保健師、看護師、准看護師）やリハビリ職（理学療法士、作業療法士、言語聴覚士）が療養上の世話や機能訓練を行うサービスです。サービスは、**主治医の指示**に基づいて提供します。

基本報酬は微増

基本報酬は、①訪問看護ステーションと②病院・診療所では、**時間によって4つに区分**され、③定期巡回・随時対応型訪問介護看護事業所と連携する場合では**1か月当たりの定額報酬制**で設定されています。

医療保険との関係

訪問看護は、利用者が**要介護認定**を受けている場合は、原則として**介護保険が優先**されます。しかし、例外として医療保険が適用される場合もあります。それは次の3つの場合です。

①厚生労働大臣が定める者（特掲診療科・別表7に定める20の疾病等に該当する者）
②急な悪化によって一時的に頻回な訪問看護が必要な場合
③精神科訪問看護（認知症を除く）

●訪問看護提供の流れ

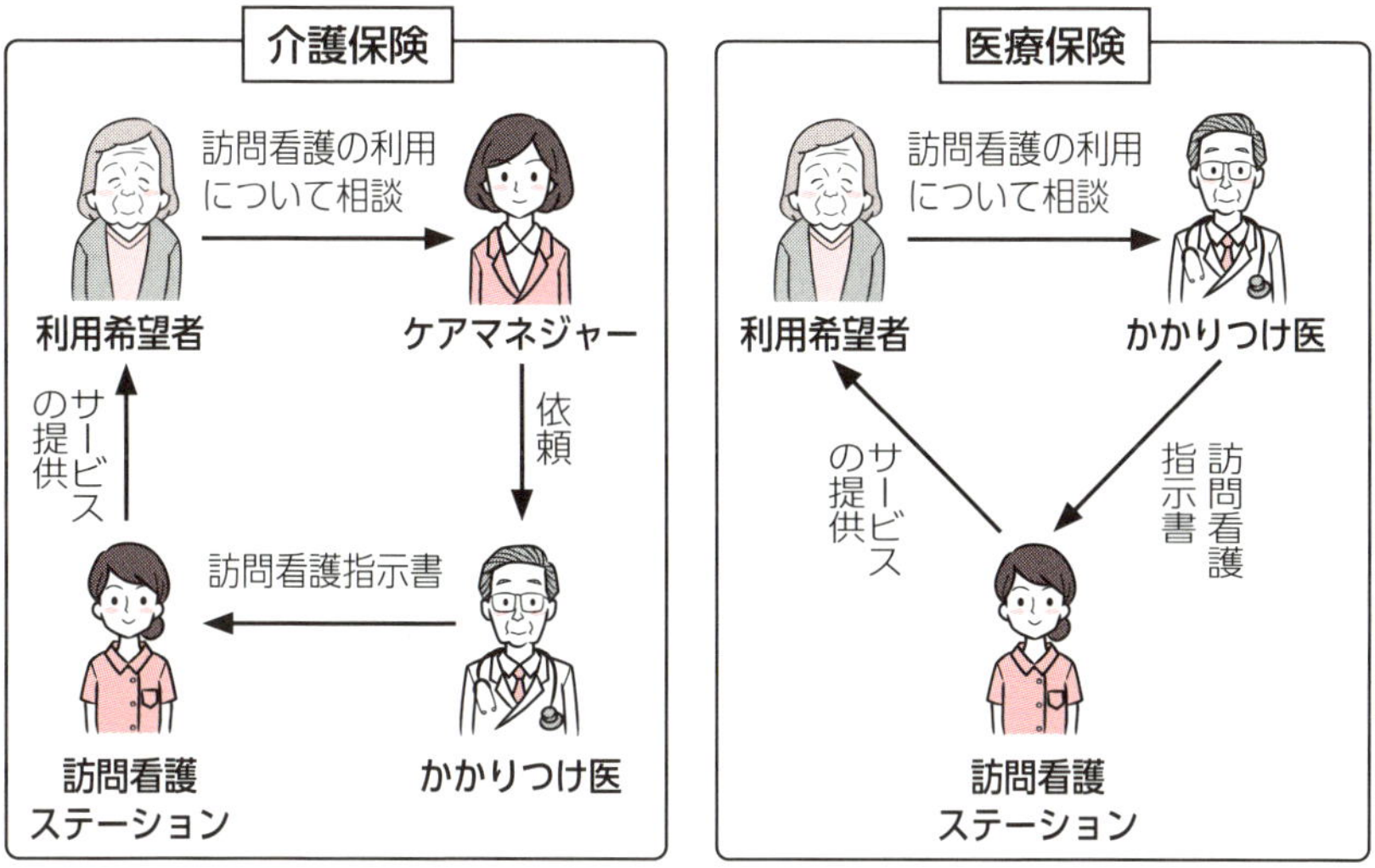

●基本報酬のプラス改定

提供場所	時間	改定前	改定後	増減
指定訪問看護ステーション	20分未満	313単位	314単位	+1単位
	30分未満	470単位	471単位	+1単位
	30分以上1時間未満	821単位	823単位	＋2単位
	1時間以上1時間30分未満	1,125単位	1,128単位	＋3単位
	理学療法士、作業療法士、言語聴覚士の場合	293単位	294単位	+1単位
病院又は診療所	20分未満	265単位	266単位	+1単位
	30分未満	398単位	399単位	+1単位
	30分以上1時間未満	573単位	574単位	+1単位
	1時間以上1時間30分未満	842単位	844単位	＋2単位
定期巡回・随時対応型訪問介護看護事業所と連携する場合		2,954単位	2,961単位	＋7単位

訪問看護指示書が必要

医療保険・介護保険のどちらを利用する場合でも、主治医が作成した**訪問看護指示書**が必要です。

介護保険では、主治医の指示により、訪問看護をケアプランに位置付けます。訪問看護指示書の有効期限は、主治医が発行してから**6か月**です。

リハ職によるサービスの評価

２０２４年度改定では、基本報酬の引き上げが行われたほか、理学療法士等による訪問看護の評価の見直しなどが行われました。

理学療法士等のリハビリ職による訪問看護の提供が増えているなかで、訪問看護に本来求められる役割に基づくサービスが提供されるよう、看護職員によるサービスとリハビリ職によるサービスの評価を**差別化**する観点から、リハビリ職の訪問における基本報酬と12か月を超えた場合の減算について見直しが行われました。次のいずれかに該当する場合に**8単位の減算**となります。

①前年度の理学療法士、作業療法士又は言語聴覚士による訪問回数が、看護職員による訪問回数を超えていること

②緊急時訪問看護加算、特別管理加算及び看護体制強化加算をいずれも算定していないこと

在宅介護の限界を引上げへ

更に、在宅介護の限界を引き上げるため、さまざまな改定が行われています。**医療の専門性の高い看護師**による訪問看護の評価を行う**専門管理加算**の創設、医療保険のターミナルケアに合わせたターミナルケア加算の見直し、看護師が情報通信機器を用いて医師の死亡診断の補助をした場合を評価する**遠隔死亡診断補助加算**の創設、緊急時訪問看護加算の見直しなどです。

理学療法士等の訪問回数による減算の新設

訪問看護費

理学療法士、作業療法士又は言語聴覚士による訪問		②緊急時訪問看護加算、特別管理加算、看護体制強化加算	
		算定している	算定していない
①訪問回数	看護職員≧リハ職	―	8単位減算（新設）
	看護職員＜リハ職	8単位減算（新設）	8単位減算（新設）

介護予防訪問看護費

理学療法士、作業療法士又は言語聴覚士による訪問		②緊急時訪問看護加算、特別管理加算、看護体制強化加算	
		算定している	算定していない
①訪問回数	看護職員≧リハ職	12月を超えて行う場合は5単位減算（現行のまま）	8単位減算（新設）※
	看護職員＜リハ職	8単位減算（新設）※	8単位減算（新設）※

※12月を超えて訪問を行う場合は更に15単位減算（新設）
資料／厚生労働省「令和6年度介護報酬改定における改訂事項について」

主な加算・減算要件等の改定

①退院時共同指導加算の提供方法の柔軟化	
指導内容をこれまでの文書による提供から、文書以外の方法で提供することが可能となった（定期巡回・随時対応型訪問介護看護も同様）	
②専門管理加算（新設）	250単位／月
下記のいずれかを満たす場合 ・緩和ケア、褥瘡ケアまたは人工肛門ケア及び人工膀胱ケアに係る専門の研修を受けた看護師が計画的な管理を行った場合（悪性腫瘍の鎮痛療法もしくは化学療法を行っている利用者、真皮を越える褥瘡の状態にある利用者、人工肛門または人工膀胱を造設している者で管理が困難な利用者） ・特定行為※研修を修了した看護師が計画的な管理を行った場合（診療報酬における手順書加算を算定する利用者）	
③遠隔死亡診断補助加算（新設）	150単位／回
情報通信機器を用いた在宅での看取りに係る研修を受けた看護師が、診療報酬の死亡診断加算を算定する利用者について、主治医の指示に基づき、情報通信機器を用いて医師の死亡診断の補助を行った場合	

※対象の特定行為：気管カニューレの交換、胃ろうカテーテル若しくは腸ろうカテーテル又は胃ろうボタンの交換、膀胱ろうカテーテルの交換、褥瘡又は慢性創傷の治療における血流のない壊死組織の除去、創傷に対する陰圧閉鎖療法、持続点滴中の高カロリー輸液の投与量の調整、脱水症状に対する輸液による補正。

訪問リハビリテーション

2024年度改定では、リハビリの介護予防の効果をより発揮させるため、医療と介護の連携などの見直しが行われました。

自宅でリハビリを提供する

訪問リハビリテーションは、病気やケガで衰えた機能を維持・回復させるため、利用者の自宅でリハビリを提供するサービスです。

訪問するのは、病院や診療所、介護老人保健施設（老健）、介護医療院の理学療法士や作業療法士、言語聴覚士です。

主治医の指示に基づき、訪問リハビリテーション計画を作成して行います。訪問リハビリテーション計画は、指示を行う医師の診療、既に実施した訪問リハビリテーションの評価を踏まえ、医師の医学的判断に基づいて適切に作成され、**定期的に見直し**を行う必要があります。また、実施後には、その実施状況・評価を**診療記録に記入**し、医師に報告しなければなりません。

「みなし指定」の見直し

訪問リハビリテーションを提供できるのは、**病院**や**診療所**、**老健**、**介護医療院**に限られています。しかし、病院や診療所と異なり、老健や介護医療院には「みなし指定」が認められていないことが、サービスの担い手不足の大きな原因だと指摘されていました。新たに申請するには、時間や手間がかかるからです。実際に、訪問リハビリテーション事業所の開設者種別割合は、病院・診療所が76・8％、老健が23・1％となっています。

2024年度改定では、この「みなし指定」を老健や介護医療院にも拡充する見直しが行われました。老健や介護医療院の開設許可があった場合は、訪問リハビリテーション事業所の指定があったものとみなされます。また、医師の必置などの指定基準の制限があるため事業所が増えていないとの指摘もあり、人員配置基準についても見直しが行われました。これらの見直しは、通所リハビリテーションについても同様です。

予防の基本報酬は引き下げ

訪問リハビリテーションの基本報酬は、20分を1回とし、1週間に6回を限度として算定します。ただし、退院から3か月以内に、医師の指示による場合は1週間に12回まで可能です。

2024年度改定では、基本報酬は、**訪問リハビリテーション**では**1単位引き上げ**られ、**介護予防訪問リハビリテーション**では、**9単位の引き下げ**となりました。これは、利用者の状態像に応じた評価を行う観点から、一定の差を設けて差別化を図ったためとしています。

●訪問・通所リハビリテーションのみなし指定が可能な施設

改定前

病院、診療所

↓

改定後

次の2つを追加
介護老人保健施設、介護医療院

指定したこととみなされるので「みなし指定」といいます。

※みなし指定を受けた介護老人保健施設又は介護医療院は、当該施設の医師の配置基準を満たすことをもって、訪問リハビリテーション事業所の医師の配置基準を満たしているものとみなす。

医療・介護の連携

今改定の大きなポイントが、医療と介護の連携です。厚労省の調査によると、退院後から訪問リハビリテーションの開始までの期間が短いほど、機能回復の効果が大きいことが報告されています。

しかし、訪問リハビリテーションの開始までに2週間以上かかっている利用者が3割以上もいるとされています。

このタイムラグを減らすため、**医療機関のリハビリテーション計画書の受け取りの義務化**やケアプラン作成に係る主治の医師等の明確化のほか、**退院時共同指導加算**の新設などが行われました。

また、認知症に対してもリハビリテーションを推進していく観点から、**認知症短期集中リハビリテーション実施加算**が創設されました。

認知症短期集中リハビリテーション実施加算の算定要件は、**認知症**であると医師が判断し、リハビリテーションによって**生活機能の改善**が見込まれると判断された者に対して、医師又は医師の指示を受けた理学療法士等が、その退院（所）日・訪問開始日から3か月以内の期間に、リハビリテーションを集中的に行うこととされています。

訪問リハビリテーションの内容

基本動作の訓練	歩行、立ち上がり、寝返り、入浴、トイレ・着替え
身体機能維持等の訓練	筋力低下の予防、褥瘡の予防、関節の変型への対応
家族支援	家族への介助方法のアドバイス、福祉用具の提案、住宅改修に関する助言

基本報酬の改定（1回につき）

介護給付	改定前	改定後	増減
訪問リハビリテーション	307単位	308単位	+1単位
介護予防訪問リハビリテーション	307単位	298単位	－9単位

医療機関のリハビリテーション計画書の受け取りの義務化

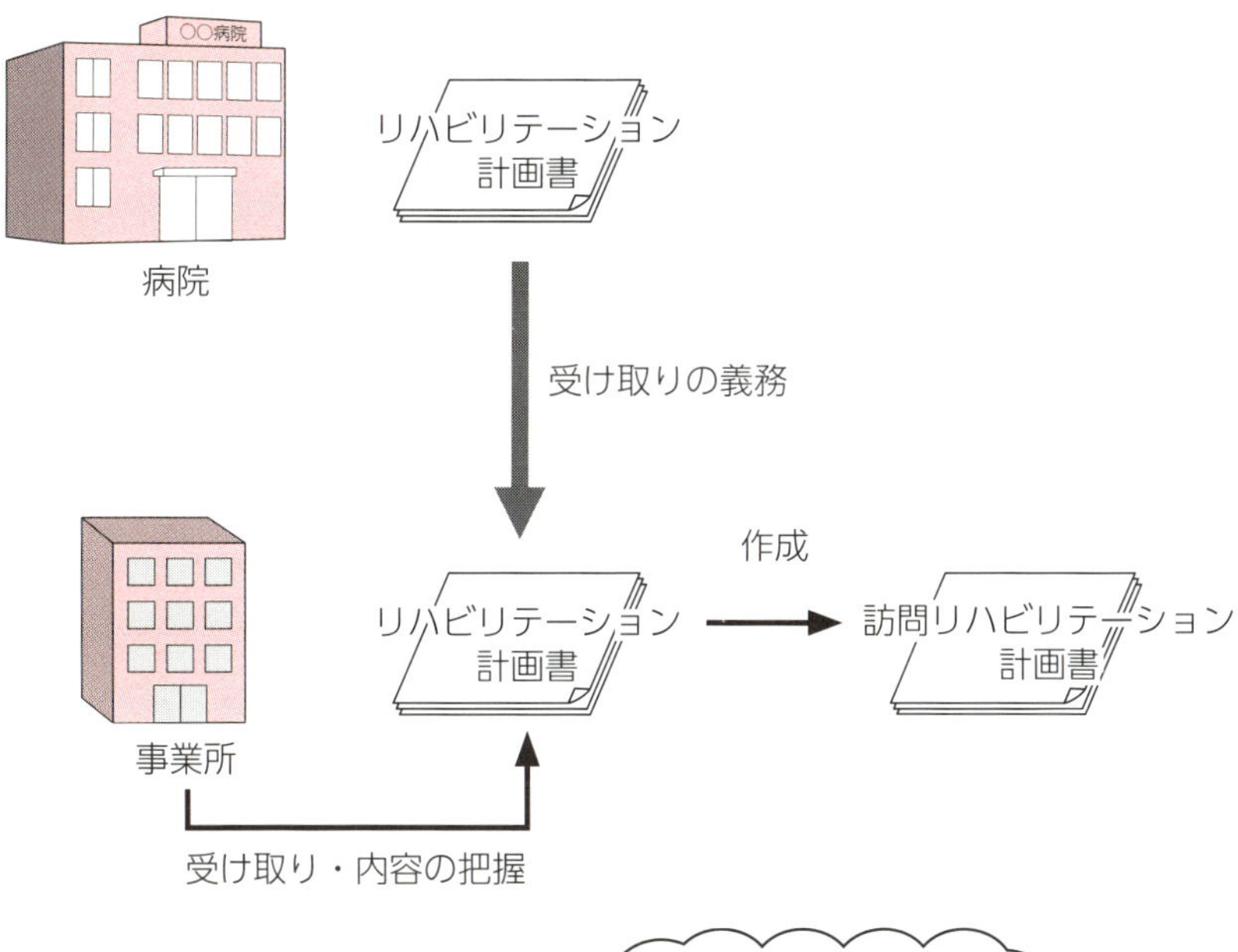

ケアプランの例

【事例】

脳梗塞を発症し入院していた要介護1のBさん（72歳、男性）は、麻痺があり、退院後は訪問介護（身体介護25分、生活援助20分）のほか、週3回の訪問リハビリテーションを利用したいと考えています。

第３表

週間サービス計画表

利用者名　　　　　　　殿

		月	火	水	木	
深夜	0：00					
	2：00				②退院時共同訓練加算	
	4：00					
早朝	6：00					
午前	8：00	訪問介護	訪問介護	訪問介護	訪問介護	
	10：00					
午後	12：00	①「主治の医師等」の明確化				
	14：00	訪問リハビリ		訪問リハビリ		
	16：00		③口腔連携強化加算			
夜間	18：00					
	20：00					
深夜	22：00					
	24：00					

週単位以外のサービス	

●改定のポイント

①「主治の医師等」の明確化	
ケアプランに訪問・通所リハビリテーションを位置付ける際に意見を求めることとされている「主治の医師等」に、入院中の医療機関の医師を含むことが明確化	
②退院時共同指導加算（新設）	600単位／回
入院中の者が退院する際に、事業所の医師又は理学療法士、作業療法士若しくは言語聴覚士が、退院前カンファレンスに参加し、退院時共同指導を行った後に、当該者に対する初回の訪問リハビリテーションを行った場合に、当該退院につき１回に限り加算	
③口腔連携強化加算（新設）	50単位／回
事業所の従業者が、口腔の健康状態の評価を実施し、利用者の同意を得て、歯科医療機関及び介護支援専門員に対し、当該評価の結果を情報提供した場合に、１月に１回に限り加算 診療報酬の歯科点数表区分番号C000に掲げる歯科訪問診療料の算定の実績がある歯科医療機関の歯科医師又は歯科医師の指示を受けた歯科衛生士が、当該従業者からの相談等に対応する体制を確保し、その旨を文書等で取り決めておくこと（訪問介護、訪問看護、短期入所生活介護、短期入所療養介護、定期巡回・随時対応型訪問介護看護も同様）	

メモ

環境に合わせた訓練

訪問リハビリテーションは、通常生活をしている居宅で提供するため、生活環境に合わせた訓練を行うことができ、また、普段暮らしている場所なのでリラックスして受けてもらうことができるというメリットがあります。対象者は要介護１以上ですが、要支援者は介護予防を受けることができます。また、65歳未満の人や介護認定を受けていない65歳以上の人は、医療保険で受けてもらうことが可能です。歩行の訓練やベッドからの起き上がり、着替えや食事などの日常生活動作の訓練や、利用者の家族に対してアドバイスをすることもあります。

居宅療養管理指導

2024年度改定では、利用者の状態に応じた在宅薬学管理の推進などが行われました。

療養上の管理・指導を行う

居宅療養管理指導は、通院が困難な利用者に対し、医療の専門職が居宅に訪問し、療養上の管理や指導を提供するサービスです。

医師・歯科医師、薬剤師、管理栄養士、歯科衛生士が、健康状態や口腔の状態の管理、口腔内の清掃とその指導、服薬の管理、食事・栄養の管理・指導、在宅介護のアドバイスや療養上の相談・指導を行います。

支給限度額の枠外で利用可能

居宅療養管理指導は、区分支給限度基準額に含まれず、既に支給限度額まで他のサービスを利用していても、担当者ごとに決められた利用回数の範囲内であれば、**現物支給**で算定できます。2024年度の介護報酬改定では、職種ごとに定められた基本報酬は、**すべての職種で1単位ずつ引き上げら**れています。

在宅薬学管理の推進

2022年度の診療報酬改定で、在宅で医療用麻薬持続注射療法が行われている患者や在宅中心静脈栄養法を行っている患者に対する**薬学的管理及び指導**への評価が行われるようになりました。一方、介護報酬では、同様のものはありませんでした。

そのため、2024年度の介護

報酬改定で、在宅患者に対して適切な薬物療法を提供する観点や、医療保険と介護保険との整合性を図る観点から、**医療用麻薬持続注射療法加算**や**在宅中心静脈栄養法加算**が新設されました。

また、薬局の薬剤師が末期の悪性腫瘍・中心静脈の利用者に薬学的な管理指導を行った場合、週2回、かつ月8回を限度として算定できますが、この利用者の要件に**注射による麻薬の投与を受けている者**も加えられることになりました。

●基本報酬のプラス改定（薬剤師が行う場合）

病院・診療所は月２回、薬局は月４回		改定前	改定後	増減
病院又は診療所	単一建物居住者１人に対して	565単位	566単位	＋１単位
	単一建物居住者２～９人に対して	416単位	417単位	＋１単位
	上記以外の場合	379単位	380単位	＋１単位
薬局	単一建物居住者１人に対して	517単位	518単位	＋１単位
	単一建物居住者２～９人に対して	378単位	379単位	＋１単位
	上記以外の場合	341単位	342単位	＋１単位
	情報通信機器を用いて行う場合	45単位	46単位	＋１単位

※末期の悪性腫瘍、中心静脈栄養を受けている利用者＋心不全や呼吸不全で麻薬注射を使用する患者への薬学的な管理指導等→週２回、月８回まで算定可

●在宅薬学管理の見直しによる加算の新設

医療用麻薬持続注射療法加算	１回につき250単位	在宅で医療用麻薬持続注射療法を行っている利用者に対して、その投与及び保管の状況、副作用の有無等について当該利用者又はその家族等に確認し、必要な薬学的管理指導を行った場合に所定単位数に加算
在宅中心静脈栄養法加算	１回につき150単位	在宅中心静脈栄養法を行っている利用者に対して、その投与及び保管の状況、配合変化の有無について確認し、必要な薬学的管理指導を行った場合に所定単位数に加算

通所介護

2024年度改定では、送迎における利便性の向上や人材不足等に対応する観点から、柔軟な対応が可能となる見直しなどが行われました。

日帰りで介護を受ける

通所介護は、日中に自宅からデイサービスセンターや介護老人福祉施設などの施設に通ってもらい、食事や入浴などの世話を提供するサービスです。

施設には、介護職員や看護師、機能訓練指導員、生活相談員が常駐しています。身体機能の維持・向上を図るとともに、家にこもりがちな要介護者が、外に出て人と接することにより社会的孤立感を解消すること、家族等の介護者の負担を軽くすることも、このサービスの目的です。

要支援者の場合は、地域支援事業における**総合事業の通所型サービス**を利用します。

基本報酬は引き上げ

通所介護の基本報酬は、1回につき、要介護度、事業所の規模、サービスの提供時間ごとに設定されています。

事業所の規模は、通常規模型通所介護費（前年4月から2月までの11か月の1か月当たりの平均利用延べ人員が750人以下）、大規模型通所介護費（Ⅰ）（同751～900人）、大規模型通所介護費（Ⅱ）（同900人超）の3つに分けられます。

2024年度改定では、基本報酬はすべての事業所規模において引き上げられています。

送迎の見直し

通所系サービスにおける運転者不足を解消するため、２０２４年度改定では、運転者が複数の事業所と契約を結び、**複数の事業所の利用者を同乗**させることができるようになりました。介護事業所だけでなく、障害福祉サービス事業所の間にも適用されます。

また、送迎の範囲についても、改定前までは、原則として送迎は利用者宅と事業者の間のみでしたが、近隣の親戚宅など利用者の居住実態がある場所に限り、**自宅以外への送迎**もできるようになりました。

●基本報酬のプラス改定（7時間以上8時間未満の場合）

（通常規模型）

	改定前	改定後	増減
要介護1	655単位	658単位	＋3単位
要介護2	773単位	777単位	＋4単位
要介護3	896単位	900単位	＋4単位
要介護4	1,018単位	1,023単位	＋5単位
要介護5	1,142単位	1,148単位	＋6単位

（大規模型）

	改定前　Ⅰ/Ⅱ	改定後　Ⅰ/Ⅱ	増減
要介護1	626/604単位	629 /607単位	＋3単位
要介護2	740/713単位	744/716単位	＋4単位
要介護3	857/826単位	861/830単位	＋4単位
要介護4	975/941単位	980/946単位	＋5単位
要介護5	1,092/1,054単位	1,097/1,059単位	＋5単位

通所リハビリテーション

2024年度改定では、訪問リハビリテーションと同様に医療と介護の連携促進への見直しのほか、基本報酬における事業所規模の変更などが行われました。

通ってリハビリを受ける

通所リハビリテーションは、日中に自宅から病院・診療所や介護老人保健施設、介護医療院に通ってもらい、理学療法士や作業療法士、言語聴覚士によるリハビリを提供するサービスです。**医師が必要と認めた場合**に利用できます。

事業所規模の変更

基本報酬は、1回につき、要介護度、事業所規模、サービス提供時間ごとに設定されています。

事業所規模は、通常規模型、大規模型（Ⅰ）、大規模型（Ⅱ）の3段階に分けられていましたが、2024年度改定で、大規模型（Ⅰ）、大規模型（Ⅱ）が**統合**され、**通常規模型**、**大規模型**の2段階に変更されました。なお、介護予防については、1か月につき、要支援度ごとに設定されています。

長期利用に対する減算の拡大

前回改定において、利用開始月から12か月を超えて介護予防通所リハビリテーションを行った場合の減算が新設されましたが、2024年度改定で、要支援1で、1か月につき20単位の減算が120単位の減算になるなど、**更なる減算の拡大**が行われました。ただし、一定の要件を満たす場合は、減算は行われません。

●基本報酬の改定（7～8時間未満、1回につき）

（通常規模型）

要介護度	改定前	改定後	増減
要介護1	757単位	762単位	+5単位
要介護2	897単位	903単位	＋6単位
要介護3	1,039単位	1,046単位	＋7単位
要介護4	1,206単位	1,215単位	＋9単位
要介護5	1,369単位	1,379単位	+10単位

（大規模型）

要介護度	改定前　Ⅰ/Ⅱ	改定後	増減
要介護1	734/708単位	714単位	－20／＋6単位
要介護2	868/841単位	847単位	－21／＋6単位
要介護3	1,006/973単位	983単位	－23／+10単位
要介護4	1,166/1,129単位	1,140単位	－26／+11単位
要介護5	1,325/1,282単位	1,300単位	－25／+18単位

※次の要件を満たす事業所については、通常規模型と同等の評価を行う。①リハビリテーションマネジメント加算の算定率が80％を超えている、②リハビリテーション専門職の配置が10対1以上である。

●介護予防通所リハビリテーションの基本報酬（月単位）

要介護度	改定前	改定後	増減
要支援1	2,056単位	2,268単位	+212単位
要支援2	3,999単位	4,228単位	+229単位

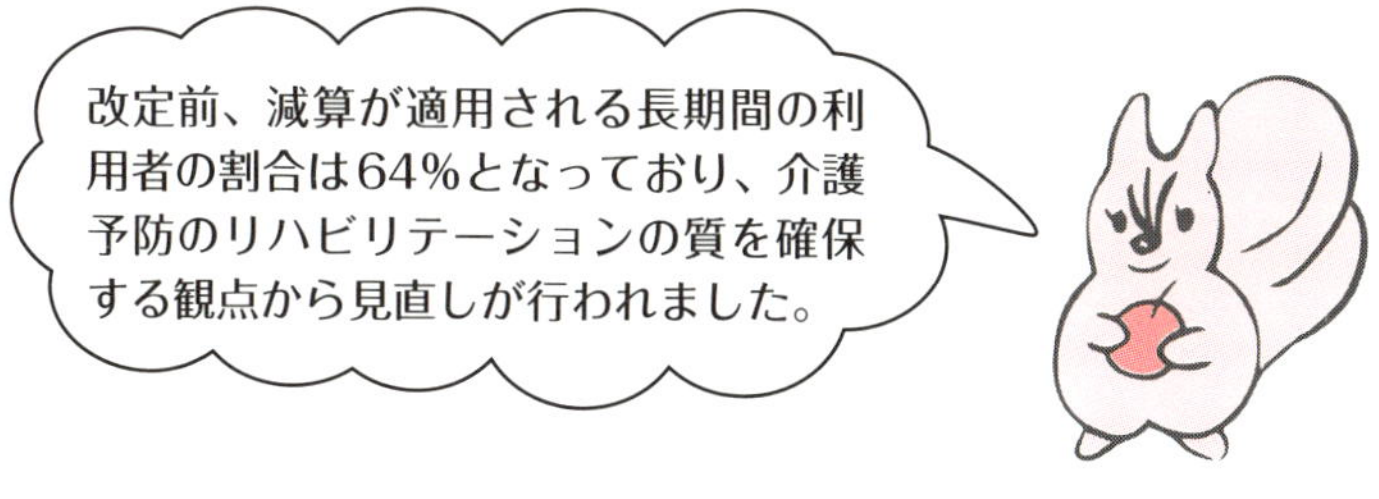
改定前、減算が適用される長期間の利用者の割合は64％となっており、介護予防のリハビリテーションの質を確保する観点から見直しが行われました。

短期入所生活介護

短期間宿泊して介護を受ける

短期入所生活介護は、特別養護**老人ホーム**や**養護老人ホーム**などの福祉系施設に短期間宿泊して、食事や排泄、入浴などの介護や日常生活の世話、機能訓練などを提供するサービスです。

短期入所生活介護計画の作成は、利用者が4日以上継続して入所する場合に作成します。事業所の管理者が、居宅サービス計画に沿って作成します。

基本報酬は引き上げ

短期入所生活介護の基本報酬は、1日につき、要介護度、事業所の種類（単独型と併設型）、居住形態（従来型個室・多床室、ユニット型個室・ユニット型個室的多床室）によって設定されています。

2024年度改定では、**引き上げ**られています。

長期利用の適正化

短期入所生活介護を利用できる日数は、1泊2日から**原則として連続30日以内**とされています。その名の通り、短期間の利用を想定してつくられたサービスです。しかし、実際には、30日を超える長期利用が増えると、その分ベッドの空きは少なくなります。実際に、サービスの利用を断られた理由は

昨今は長期利用が問題となっており、2024年度改定では、利用期間の適正化を図る改定が行われる一方で、看取り対応体制の強化などが行われました。

「満床」が70％と、最も多くなっています。

そこで、2024年度改定では、この**長期利用の適正化**を図るための見直しが行われました。施設入所と同等の利用形態となった場合、施設入所との均衡を図ることとなりました。**31〜60日利用の長期利用者減算**だけでなく、**61日以降の長期利用に対する減算**が新たに設けられました。

●基本報酬のプラス改定　※単ユニット型は省略

単独型・従来型個室

要介護度	改定前	改定後	増減
要支援1	474単位	479単位	＋2単位
要支援2	589単位	596単位	＋7単位
要介護1	638単位	645単位	＋7単位
要介護2	707単位	715単位	＋8単位
要介護3	778単位	787単位	＋9単位
要介護4	847単位	856単位	＋9単位
要介護5	916単位	926単位	+10単位

併設型・従来型個室

要介護度	改定前	改定後	増減
要支援1	446単位	451単位	＋5単位
要支援2	555単位	561単位	＋6単位
要介護1	596単位	603単位	＋7単位
要介護2	665単位	672単位	＋7単位
要介護3	737単位	745単位	＋8単位
要介護4	806単位	815単位	＋9単位
要介護5	874単位	884単位	+10単位

短期入所生活介護における長期利用の適正化

(要介護3の場合)	単独型	併設型	単独型 ユニット型	併設型 ユニット型
基本報酬	787単位	745単位	891単位	847単位
長期利用者減算適用後 (31日～60日)	757単位	715単位	861単位	817単位
長期利用の適正化 (61日以降) (新設)	732単位	715単位	815単位	815単位
(参考) 介護老人福祉施設	732単位		815単位	

看取り対応体制の強化

短期入所生活介護においても、看取りケアのニーズが高まっており、看取り期のケアへの対応が必要な割合は、２０１９年度調査では５・８％だったのが、２０２２年度調査では13・８％と、２倍以上に増えています。しかし、短期入所生活介護では、看取りに関する加算はありませんでした。

そこで、看取り期の利用者に対してサービス提供を行った場合に評価する加算として**看取り連携体制加算**が創設されました。

看取り連携体制加算

改定前	改定後
なし	看取り連携体制加算64単位/日(新設) ※死亡日及び死亡日以前30日以下について、7日を限度

短期入所生活介護においても、看取りのニーズがあることから、加算が設けられました。

短期入所療養介護

2024年度改定では、総合医学管理加算の見直しにより医療ニーズのある利用者の受け入れ促進を図ることなどが行われました。

短期間宿泊する

短期入所療養介護は、**介護老人保健施設**などの医療系施設に短期間宿泊して、食事や排泄、入浴などの介護や日常生活の世話、機能訓練などを受けられるサービスです。**医療的ケア中心**のサービスが必要な人を対象にしています。一般に**医療型ショートステイ**とよばれています。

短期入所生活介護計画と同様、短期入所療養介護計画の作成は、利用者が4日以上継続して入所する場合に作成します。事業所の管理者が、居宅サービス計画に沿って作成します。

基本報酬は引き上げ

短期入所療養介護の基本報酬は、1日につき、介護老人保健施設、療養病床のある病院、診療所、老人性認知症疾患療養病床のある病院、介護医療院の事業所別に、居住形態（従来型個室・多床室、ユニット型個室・ユニット型個室的多床室）、要介護度、人員配置、在宅復帰率などに応じて単位が細かく設定されています。

また、短期入所生活介護と同様、**連続30日まで介護保険で利用**できます。2024年度改定では、基本報酬の引き上げが行われました。

総合医学管理加算の見直し

介護老人保健施設が提供する短期入所療養介護における総合医学管理加算について、**医療ニーズのある利用者の受け入れを促進**する観点から、①居宅サービス計画において計画的に行うこととなっている指定短期入所療養介護についても同加算の対象とする、②算定日数の限度を7日から10日に延長、という見直しが行われました。

●基本報酬のプラス改定

介護老人保健施設短期入所療養介護（Ⅰ）（ⅲ）（多床室）（基本型）

要介護度	改定前	改定後	増減
要支援1	610単位	613単位	＋3単位
要支援2	768単位	774単位	＋6単位
要介護1	827単位	830単位	＋3単位
要介護2	876単位	880単位	＋4単位
要介護3	939単位	944単位	＋5単位
要介護4	991単位	997単位	＋6単位
要介護5	1,045単位	1,052単位	＋7単位

●総合医学管理加算の算定要件の見直し

改定前	改定後
1 治療管理を目的とし、別に厚生労働大臣が定める基準に従い、居宅サービス計画において計画的に行うこととなっていない指定短期入所療養介護を行った場合に、7日を限度として1日につき所定単位数を加算する。 2 緊急時施設療養費を算定した日は、算定しない。	1 治療管理を目的とし、別に厚生労働大臣が定める基準に従い指定短期入所療養介護を行った場合に、10日を限度として1日につき所定単位数を加算する。 2 緊急時施設療養費を算定した日は、算定しない。

特定施設入居者生活介護

2024年度改定では、高まる医療ニーズへの対応を背景にした見直しなどが行われました。

特定施設で介護を受ける

「特定施設」とは、有料老人ホーム、ケアハウス、養護老人ホーム、サービス付き高齢者向け住宅のうち、一定の施設基準・人員基準を満たしたものとして、都道府県知事の指定を受けた施設のことをいいます。この指定を受ければ、介護保険の特定施設入居者生活介護として介護保険サービスを提供することができるのです。

施設内でサービスを提供する一般型特定施設入居者生活介護と、施設外の事業者に委託してサービスを提供する外部サービス利用型特定施設入居者生活介護の2つのタイプがあります。両方とも、計画作成担当者として**介護支援専門員**の配置が義務付けられており、当該介護支援専門員が特定施設サービス計画を作成します。特定施設入居者生活介護では、ケアプランではなく、この**特定施設サービス計画**に基づいてサービスを提供します。

医療ニーズへの対応力強化

一般型の特定施設入居者生活介護費と、外部サービス利用型における外部サービス利用型特定施設入居者生活介護費、そして定員1名の空き居室をあらかじめ30日以内で期間を決めて利用する短期利用費の単位も設定されています。2024年度改定では、基本報酬は**引き上げ**られています。

更に、医療的ケアを要する者の積極的な受け入れを促進する観点から、**夜間看護体制強化加算**や**入居継続支援加算**の見直しなどが行われました。

夜間看護体制強化加算は、夜間の看護体制について、①施設の看護職員の配置と②訪問看護ステーション等との連携での対応で差がありませんでしたが、①を加算（Ⅰ）、②を加算（Ⅱ）として、①**を高く評価**することとなりました。

●基本報酬のプラス改定　※短期利用型は省略

施設	要介護度	改定前	改定後	増減
特定施設入居者生活介護費	要支援１	182単位	183単位	＋１単位
	要支援２	311単位	313単位	＋２単位
	要介護１	538単位	542単位	＋４単位
	要介護２	604単位	609単位	＋５単位
	要介護３	674単位	679単位	＋５単位
	要介護４	738単位	744単位	＋６単位
	要介護５	807単位	813単位	＋６単位
外部サービス利用型	要支援１・２	56単位	57単位	＋１単位
	要介護１～５	83単位	84単位	＋１単位

●夜間看護体制強化加算の見直し

改定前	改定後
夜間看護体制加算　10単位／日	夜間看護体制加算（Ⅰ）18単位／日（新設） 夜間看護体制加算（Ⅱ）９単位／日（変更）

●入居継続支援加算における「医療的ケア」の見直し

改定前	改定後
・たんの吸引　・胃ろう・腸ろうの管理 ・経鼻経管栄養の管理	次の３つを追加 ・インスリン注射・尿道カテーテル留置 ・在宅酸素療法

福祉用具

福祉用具のレンタルや販売を行うサービスです。2024年度改定では、選択制が導入されるなどの見直しが行われました。

貸与または購入する

福祉用具貸与のレンタル料は、通常**1か月単位**となっています。

特定福祉用具販売にかかった費用は、利用者がいったん全額を自己負担で支払い、市区町村に「福祉用具購入費支給申請書」を提出すると、後日、償還払いで費用の9割（1割負担の場合）が払い戻されます。ただし、同一年度（4月〜翌3月）で10万円という支給限度基準額が設定されています。

福祉用具を貸与・販売する事業者には、**福祉用具専門相談員**が配置されています。

選択制の導入

貸与・販売できる福祉用具は、厚生労働大臣によって定められ、これまでは、貸与は13種目、販売は6種目でした。しかし、2024年度の介護報酬改定で、**貸与か販売かを利用者が選択できる**「選択制」が導入されました。

貸与期間が長期になることで、貸与価格の累計額が販売価格を上回るケースがみられ、**購入した方が自己負担を抑えられる**ことなどから導入されました。

選択制の対象となるのは、「固定用スロープ」「歩行器」「単点杖」「多点杖」の4つです。

福祉用具

貸与	①車いす　②車いす付属品　③特殊寝台　④特殊寝台付属品　⑤床ずれ防止用具　⑥体位変換器　⑦移動用リフト（吊り具部分を除く）　⑧認知症老人徘徊感知機器　⑨自動排泄処理装置（交換可能部分を除く） ⑩手すり（取付工事を伴わない）　⑪歩行器　⑫スロープ（取付工事を伴わない、持ち運びが容易なもの）　⑬歩行補助つえ
販売	①腰掛便座　②自動排泄処理装置の交換可能部品　③排泄予測支援機器　④入浴補助用具　⑤簡易浴槽　⑥移動用リフトの吊り具部分
選択（新設）	①固定用スロープ（貸与⑫「スロープ」のうち、主に敷居等の小さい段差の解消に使用し、頻繁な持ち運びを要しないもの。便宜上設置や撤去、持ち運びができる可搬型のものは除く） ②歩行器（貸与⑪「歩行器」のうち、脚部がすべて杖先ゴム等の形状となる固定式又は交互式歩行器。車輪・キャスターが付いている歩行車は除く） ③歩行補助つえ（カナディアン・クラッチ、ロフストランド・クラッチ、プラットホームクラッチ及び多点杖に限る）

貸 与

・車いす
・特殊寝台（電動ベッド）
・手すり
・移動用リフト
・床ずれ防止クッション　など

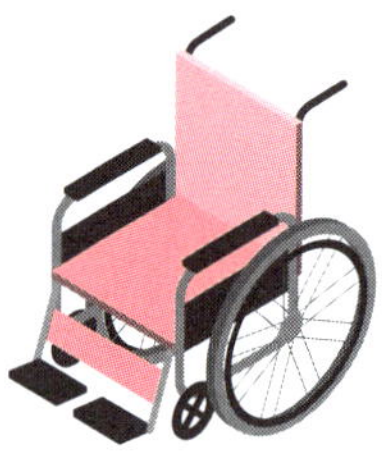

選 択

・固定用スロープ
・歩行器
・単点杖（松葉づえを除く）及び多点杖

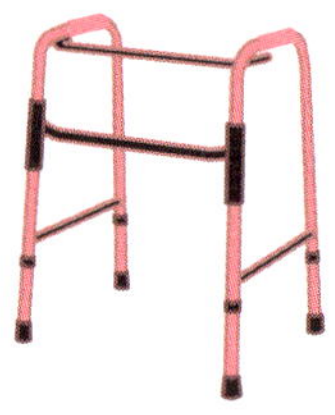

販 売

・腰掛便座
・自動排泄処理装置の交換可能部品
・排泄予測支援機器
・入浴補助用具
・簡易浴槽
・移動用リフトの吊り具部分

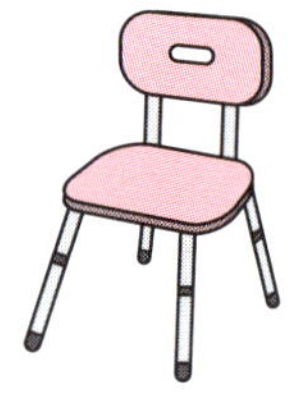

利用者の意思決定体制

貸与と購入の選択制の導入に従い、①貸与と販売の選択に伴う**判断体制とプロセス**、②貸与後の**モニタリング**、③販売後の**メンテナンス**の3点が見直されています。

まず、①貸与と販売の選択に伴う判断体制とプロセスでは、選択制の対象福祉用具の提供にあたって、**ケアマネジャー**や**福祉用具専門相談員**が、貸与と販売のいずれかを利用者が選択できることについて、メリット及びデメリットを含め十分**説明**するとともに、利用者の選択にあたって必要な**情報**を提供すること及び医師や専門職の意見、利用者の身体状況等を踏まえ、**提案**を行うこととされました。

貸与後のモニタリング

②貸与後のモニタリングでは、選択制の対象となる福祉用具を貸与した場合、福祉用具専門相談員は、**利用開始から少なくとも6か月以内に1回**、モニタリングを行い、貸与継続の必要性について検討を行うこととされました。

販売後の確認

③販売後のメンテナンスでは、選択制の対象となる福祉用具を販売した場合、福祉用具専門相談員が、福祉用具サービス計画の**目標達成状況を確認**することとされました。

また、利用者等からの要請に応じて、販売した福祉用具の使用状況を確認するよう努めるとともに、必要があれば使用方法の指導、修理等を行うよう努めることとされました。

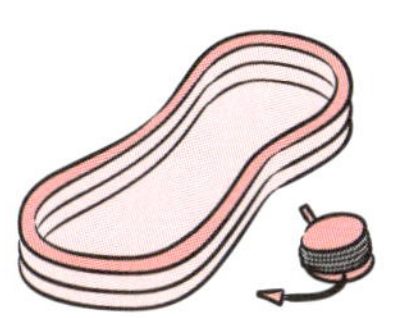

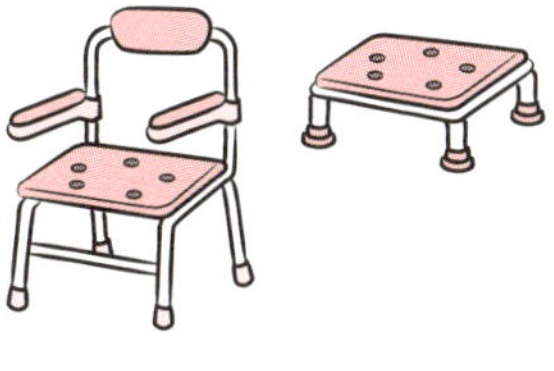

住宅改修

住宅改修は、改修工事を行い、住環境を整えるサービスです。上限額内で、介護保険より費用の一部が支給されます。

バリアフリーに改修する

住宅改修は、自宅での生活をしやすくするための工事を行った際に、その費用の一部を介護保険から支給するサービスです。利用者が、可能な限り住み慣れた自宅での生活を続けることの支援となり、また、家族などの介護者の介護負担の軽減につながります。

住宅改修の上限は、要介護度にかかわらず同一年度（4月～翌3月）に**20万円**で、利用者負担を除く7～9割が、償還払いにより支払われます。原則として1回だけの支給ですが（20万円を数回に分けて使うことは可能）、要介護度が3段階以上上がった場合や、改修後に転居した場合には、再度20万円まで利用できます。

事前申請が必要

相談を受けたケアマネジャーは、複数の業者から見積もりをとって比較検討するよう利用者に説明します。利用者は、業者を決めたら、工事を始める前に「住宅改修費支給申請書」等の書類を市町村に提出します。申請の前に工事を開始すると、支給が認められない場合があるので注意が必要です。

工事の終了後、工事内容を証明する領収書や費用の内訳書、改修後の写真等を提出すると介護保険の支給が認められます。

2024年度の改定はありません。

●住宅改修の対象になる工事

手すりの取り付け	玄関、廊下、浴室、トイレ等に転倒防止、移動をしやすくするための手すりを設置する
段差の解消	スロープの設置、敷居を低くする
床または通路面の材料の変更	床や通路面を、すべりにくい材料、移動しやすい材料に変更する
扉の取り替え	開き戸を引き戸へ、ドアノブの取り替えなど
便器の取り替え	和式便器から洋式便器への取り替えなど
上記５つの工事に伴って必要となる工事	壁・床の下地補強工事、浴室・トイレの給排水設置工事など

手すりの取り付け

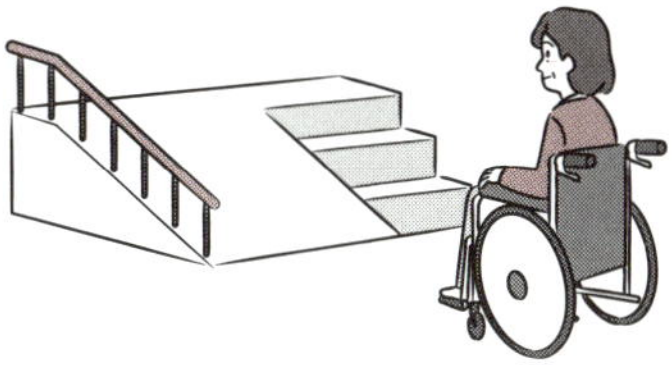
段差の解消

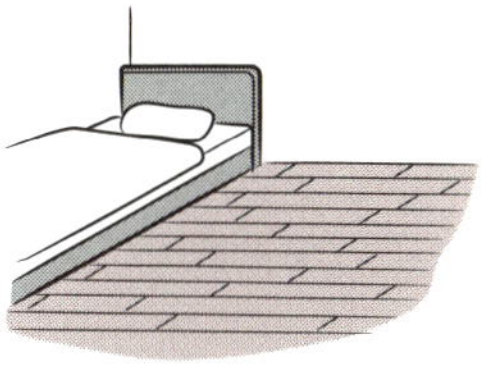
床材の取り替え

扉の取り替え

便器の取り替え

住宅改修の利用の流れ

ケアマネジャーへの相談……住宅改修が必要な理由書の作成を依頼

↓

施工業者に見積書依頼……数社に見積書を依頼（相見積もり）することが望ましい

↓

市町村へ申請……施工業者を選定後、申請書類を提出

↓

施工・完成……完成後、施工業者に改修費用を全額支払う

↓

市町村へ申請……領収書や費用の内訳書、改修後の写真等の必要書類を提出

↓

支　給……利用者負担を除く７～９割が支払われる

Part 4

地域密着型サービス

地域密着型サービス

市町村による事業所の指定や地域住民のみの利用など、その名の通り、地域に密着したサービスで、9種類のサービスがあります。

地域の実情に応じて提供される

地域密着型サービスは、中重度の要介護状態や認知症になっても、住み慣れた地域での生活を可能な限り継続できるよう、2006年度から始まりました。

一般的な介護サービスに比べて小規模な施設が多く、利用者のニーズに対応しやすいのが特徴です。

市町村が事業者の指定を行い、条例で運営基準を定めます。また、当該市町村に住んでいる人しか利用できないという特徴もあります。

地域密着型サービスは9種類

地域密着型サービスは、①定期巡回・随時対応型訪問介護看護、②夜間対応型訪問介護、③地域密着型通所介護、④認知症対応型通所介護、⑤小規模多機能型居宅介護、⑥認知症対応型共同生活介護、⑦地域密着型特定施設入居者生活介護、⑧地域密着型介護老人福祉施設入所者生活介護、⑨看護小規模多機能型居宅介護の9種類あります。

このうち、要支援者が利用できる予防サービスは、④認知症対応型通所介護と⑤小規模多機能型居宅介護が**要支援1**から、⑥認知症対応型共同生活介護が**要支援2**が対象となります。

地域密着型サービスの内容と対象

名称	内容	対象
定期巡回・随時対応型訪問介護看護	24時間態勢で居宅を訪問し、介護と看護を連携して提供	要介護1以上
夜間対応型訪問介護	夜間に居宅を訪問し、介護を提供	要介護1以上
地域密着型通所介護	利用定員19人未満で、デイサービスセンター等の施設で、介護、日常生活上の世話や機能訓練を提供	要介護1以上
認知症対応型通所介護	認知症の人を対象に、老人デイサービス事業を行う施設や老人デイサービスセンターで、介護、日常生活上の世話や機能訓練を提供	要支援1以上
小規模多機能型居宅介護	「通いサービス」を中心に、「宿泊サービス」や「訪問サービス」も提供	要支援1以上
認知症対応型共同生活介護	認知症の人を対象に、共同生活を送りながら、日常生活上の世話や機能訓練を提供	要支援2以上
地域密着型特定施設入居者生活介護	定員30人未満の有料老人ホーム等の入居者に対し、介護、日常生活上・療養上の世話や機能訓練を提供	要介護1以上
地域密着型介護老人福祉施設入所者生活介護	定員30人未満の介護老人福祉施設の入居者に対し、介護・日常生活上の世話、機能訓練、健康管理、療養上の世話を提供	要介護3以上（原則）
看護小規模多機能型居宅介護	24時間体制で、医療行為も含めた多様なサービス（「通い」、「泊まり」、「訪問」）を一体的に提供	要介護1以上

地域密着型サービスとその他のサービス

	地域密着型サービス	**地域密着型サービス以外のサービス**
指定・監督	市町村	都道府県・政令市・中核市
介護給付	地域密着型介護サービス	・居宅サービス ・施設サービス ・居宅介護支援
予防給付	地域密着型介護予防サービス	介護予防サービス

定期巡回・随時対応型訪問介護看護

2024年度改定では、基本報酬に新区分が追加されるなどの見直しが行われました。

24時間体制でサポート

定期巡回・随時対応型訪問介護看護は、定期巡回と随時訪問によって、**24時間体制**で**居宅**での生活をサポートします。２０１１年の介護保険法改正により創設され、２０１２年度からサービスが開始されました。

基本報酬に新区分

定期巡回・随時対応型訪問介護看護の基本報酬は、訪問介護と同様に**引き下げ**られました。

そして、これまでは要介護度別に「介護・看護の両方を受ける利用者」と「介護のみの利用者」の２つに区分されていましたが改定により、「**夜間にのみ**サービスを必要とする利用者」という区分が新設され3区分となりました。新しい区分では、「定額」と「出来高」の２つに大きく分かれており、要介護度によりません。

この新区分は、夜間対応型訪問介護と同様です。２０２２年の社会保障審議会介護保険部会で「定期巡回・随時対応型訪問介護看護と夜間対応型訪問介護など、**機能が類似・重複**しているサービスについては、**将来的な統合・整理**に向けて検討が必要」とされたことから検討が進められていました。

定期巡回・随時対応型訪問介護看護

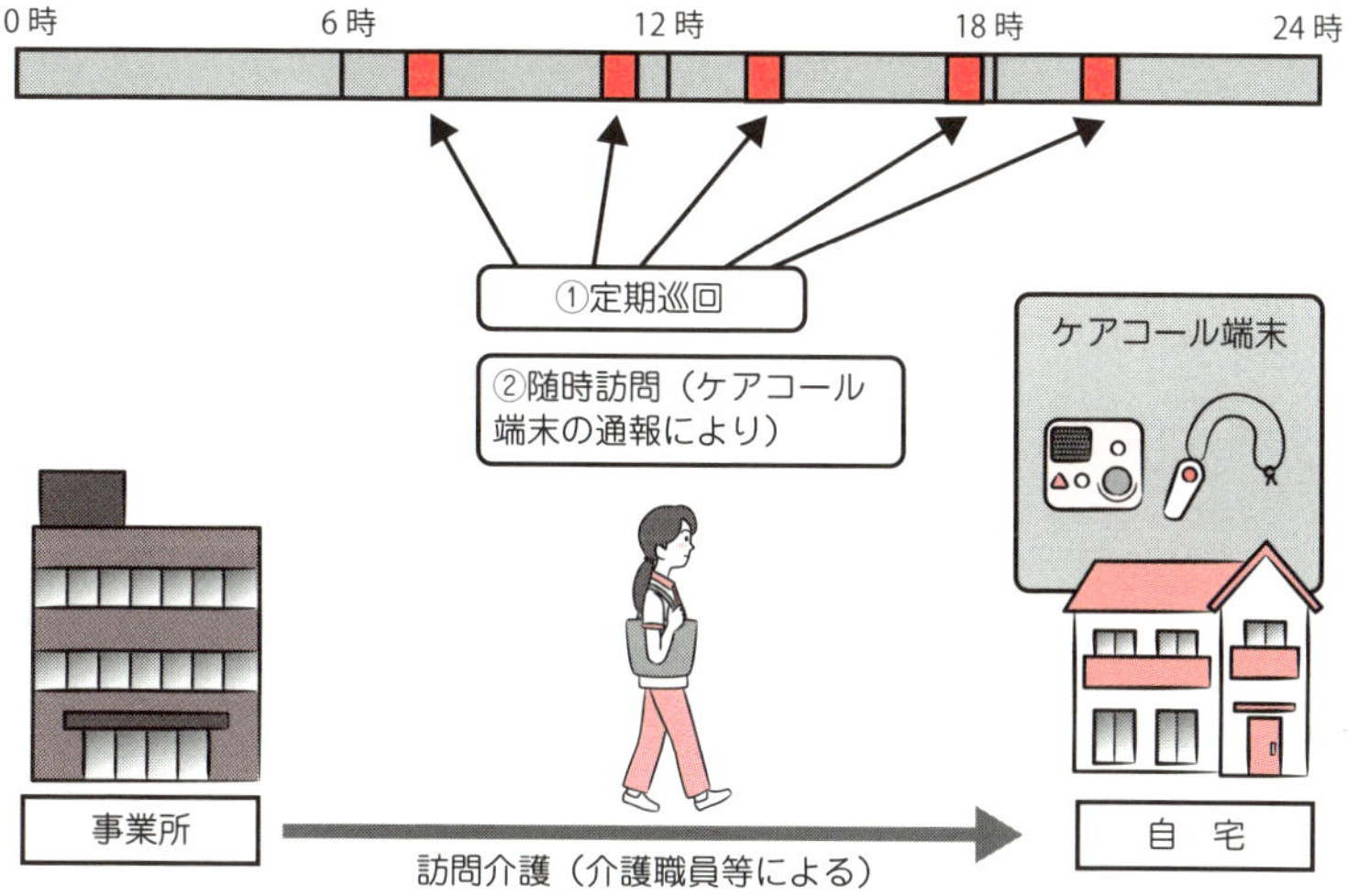

基本報酬の新設とマイナス改定

一体型事業所（訪問看護なし）※連携型事業所も同様

要介護度	改定前	改定後	増減
要介護1	5,697単位	5,446単位	－251単位
要介護2	10,168単位	9,720単位	－448単位
要介護3	16,883単位	16,140単位	－743単位
要介護4	21,357単位	20,417単位	－940単位
要介護5	25,829単位	24,692単位	－1,137単位

連携型事業所（訪問看護あり）

要介護度	改定前	改定後	増減
要介護1	8,312単位	7,946単位	－366単位
要介護2	12,985単位	12,413単位	－572単位
要介護3	19,821単位	18,948単位	－873単位
要介護4	24,434単位	23,358単位	－1,076単位
要介護5	29,601単位	28,298単位	－1,303単位

夜間訪問型（新設）

定額	基本夜間訪問型サービス費	989単位
出来高	定期巡回サービス費	372単位
	随時訪問サービス費（Ⅰ）	567単位
	随時訪問サービス費（Ⅱ）	764単位

夜間対応型訪問介護

2024年度改定では、基本報酬の引き下げや認知症専門ケア加算の基準緩和などが行われました。

夜間の定期的な訪問

夜間対応型訪問介護は、**日中**（8〜18時）**以外の時間**に、定期的に介護職員等が要介護者の自宅を訪問し、介護を行うサービスです。また、通報により随時訪問して介護を行うこともできます。時間帯は各事業者に任されますが、**22〜6時**の時間帯は、含まれていなければなりません。

基本報酬は引き下げ

夜間対応型訪問介護の基本報酬は、オペレーションセンターを設置している事業所は、1か月当たりの基本額に定期巡回や随時訪問を行った場合の出来高を加えて算定します。設置しない場合は、月単位の包括報酬となっています。2024年度改定では、基本報酬は、訪問介護と同様に**引き下げ**られました。

加算の基準緩和

認知症専門ケア加算は、2021年度改定で夜間対応型訪問介護のほか、訪問介護、訪問入浴介護、定期巡回・随時対応型訪問介護看護に導入されましたが、**利用者の受け入れに関する要件**がハードルとなり、訪問介護における算定が2022年4月時点でわずか7事業所など、極めて算定率が低かったため、**要件の緩和**が行われました。

夜間対応型訪問介護

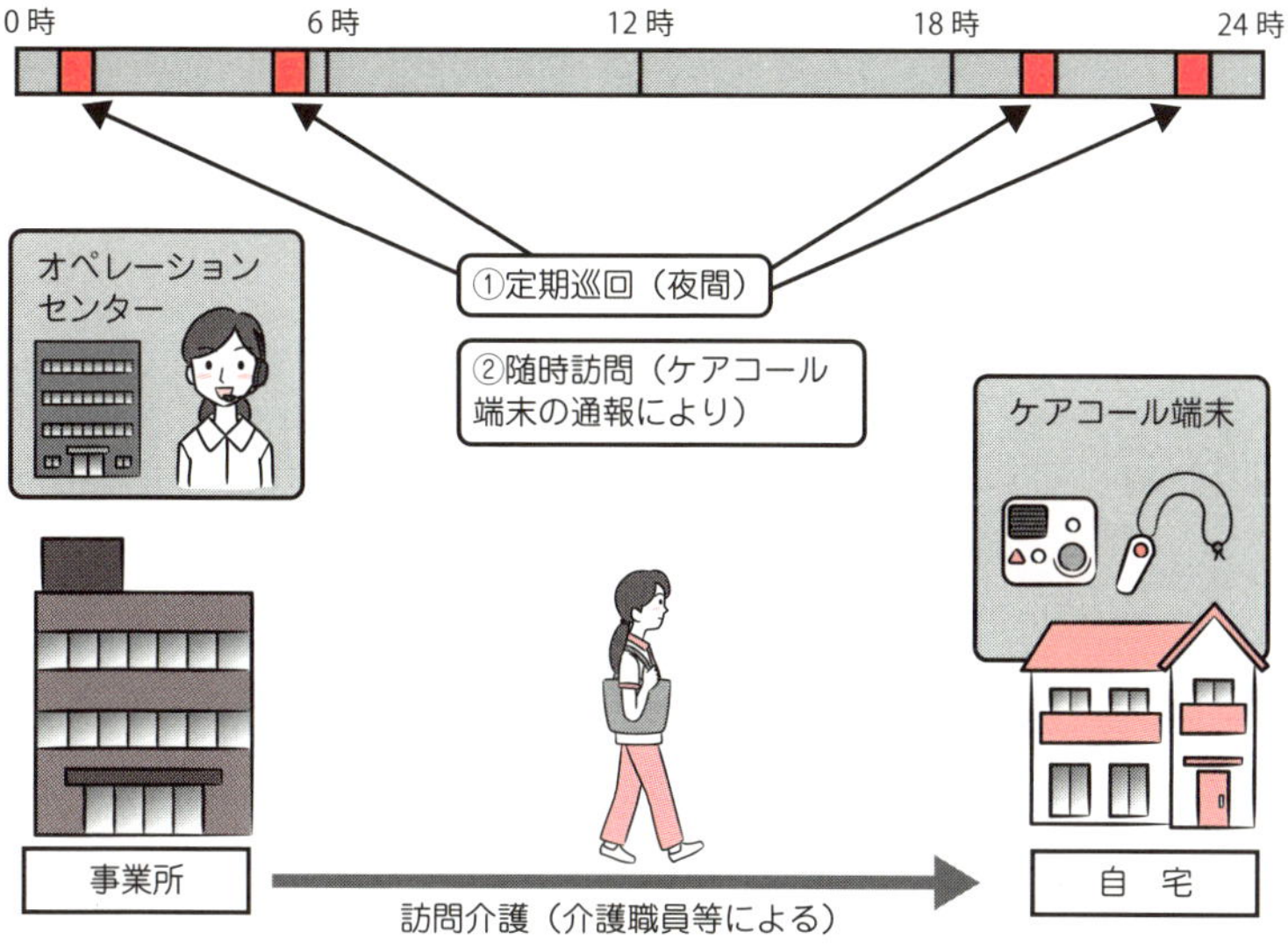

基本報酬のマイナス改定

夜間対応型訪問介護（Ⅰ）

		改定前	改定後	増減
定額（1月につき）	基本夜間対応型訪問介護費	1,025単位	989単位	－36単位
出来高（1回につき）	定期巡回サービス費	386単位	372単位	－14単位
	随時訪問サービス費（Ⅰ）	588単位	567単位	－21単位
	随時訪問サービス費（Ⅱ）	792単位	764単位	－28単位

夜間対応型訪問介護（Ⅱ）

	改定前	改定後	増減
包括報酬（1月につき）	2,800単位	2,702単位	－98単位

認知症専門ケア加算の利用者要件の緩和

改定前	改定後
日常生活自立度Ⅲ以上の利用者が50%以上	日常生活自立度Ⅱ以上の利用者が50%以上

地域密着型通所介護

定員19人未満の小規模なデイサービスです。2024年度改定では、重度者ケア体制加算の新設などが行われました。

小規模なデイサービス

地域密着型通所介護は、定員19人未満の小規模な施設（デイサービスセンター、特別養護老人ホームなど）に通ってもらい、食事や入浴などの日常生活上の支援や、生活機能訓練などを日帰りで提供するサービスです。

2014年の介護保険法の改正によって、2016年度から利用定員19人未満の**小規模型の通所介護**が**地域密着型サービスへ移行**しました。

なお、利用定員19人以上の場合は「通所介護」（→64ページ）に区分されます。

療養通所介護に新区分

地域密着型通所介護の基本報酬は、1日につき、要介護度、サービスの提供時間ごとに設定されています。一方、療養通所介護費は、要介護度によらない、月単位の包括報酬となっています。

2024年度改定では、地域密着型通所介護の基本報酬は、**引き上げ**られました。療養通所介護についても、単位数が引き上げられるとともに、**医療ニーズを有する中重度者**が必要に応じて利用しやすくなるよう、「短期利用療養通所介護費」という新しい区分が設けられました。

重度者ケア体制加算の新設

療養通所介護の基本報酬が、要介護度によらない包括報酬となったのは、2021年度の介護報酬改定からです。

療養通所介護の利用者の要介護5の人の割合が減少傾向にあり、**軽度者の割合が増加傾向**になっています。

重い医療ニーズの人が利用するサービスという本来の療養通所介護を維持するため、手厚い看護職員の配置を評価した「**重度者ケア体制加算**」が新設されました。

基本報酬のプラス改定

地域密着型通所介護費（1日当たり）※7時間以上8時間未満の場合

	改定前	改定後	増減
要介護1	750単位	753単位	+3単位
要介護2	887単位	890単位	+3単位
要介護3	1,028単位	1,032単位	+4単位
要介護4	1,168単位	1,172単位	+4単位
要介護5	1,308単位	1,312単位	+4単位

療養通所介護費（1日当たり）

	改定前	改定後	増減
療養通所介護	12,691単位	12,785単位	+94単位
短期利用療養通所介護費	なし	1,335単位	（新設）

短期利用療養通所介護費の新設

①ケアマネジャーが緊急に利用することが必要と認めた場合であること。
②あらかじめ7日以内（やむを得ない事情がある場合は14日以内）の利用期間を定めること。
③療養通所介護の人員基準を満たすこと。
④過少サービスの場合など各種減算を算定していないこと。

重度者ケア体制加算（150単位／月）の新設

①人員基準で規定する看護師の員数を配置するとともに、看護職員を常勤換算方法で3人以上確保していること。
②職員のうち、認定看護師教育課程、専門看護師教育課程、特定行為に係る看護師の研修制度により厚生労働大臣が指定する指定研修期間において行われる研修を修了した看護師を1人以上配置していること。
③訪問看護事業者の指定を併せて受け、一体的に事業を実施していること。

認知症対応型通所介護

少人数制で、利用者に対する専門的なケアのほか、利用者の家族の介護負担軽減も目的の一つとしたサービスです。

認知症の診断の確認が必要

認知症対応型通所介護は、利用者を**認知症に限定**しているため、利用者が認知症であることの確認が必要となります。

小規模で家庭的なサービスを、認知症の知識を持つ専門スタッフにより提供します。

事業所には、単独型、併設型、共用型の3つのタイプがあります。**いずれも定員12人以下**と小規模で行われ、それぞれの利用者に合った適切な介護を提供することができます。

基本報酬は引き上げ

認知症対応型通所介護の基本報酬は、1回につき、要介護度、事業所の種類（単独型、併設型、共用型）、サービスの提供時間ごとに設定されています。

2024年度改定では、基本報酬は、**引き上げ**られました。

メモ

施設の種類

施設には単独型、併設型、共用型の3つがあり、単独型は他の施設に併設されない専用の施設、併設型は病院や特別養護老人ホーム等に併設されたもの、共用型はグループホーム等の他の施設の共用部分（食堂や居間）を利用して行うものです。

●基本報酬のプラス改定（7時間以上8時間未満の場合）

単独型

	改定前	改定後	増減
要支援1	859単位	861単位	＋2単位
要支援2	959単位	961単位	＋2単位
要介護1	992単位	994単位	＋2単位
要介護2	1,100単位	1,102単位	＋2単位
要介護3	1,208単位	1,210単位	＋2単位
要介護4	1,316単位	1,319単位	＋3単位
要介護5	1,424単位	1,427単位	＋3単位

併設型

	改定前	改定後	増減
要支援1	771単位	773単位	＋2単位
要支援2	862単位	864単位	＋2単位
要介護1	892単位	894単位	＋2単位
要介護2	987単位	989単位	＋2単位
要介護3	1,084単位	1,086単位	＋2単位
要介護4	1,181単位	1,183単位	＋3単位
要介護5	1,276単位	1,278単位	＋2単位

共用型

	改定前	改定後	増減
要支援1	483単位	484単位	＋1単位
要支援2	512単位	513単位	＋1単位
要介護1	522単位	523単位	＋1単位
要介護2	541単位	542単位	＋1単位
要介護3	559単位	560単位	＋1単位
要介護4	577単位	578単位	＋1単位
要介護5	597単位	598単位	＋1単位

小規模多機能型居宅介護

複数のサービスを提供する

小規模多機能型居宅介護は、①訪問介護、②通所介護、③短期入所生活介護の3つをセットに利用します。3つのサービスを1つの事業所と契約するので、その事業所のケアマネジャーが居宅サービス計画と小規模多機能型居宅介護計画を作成します。**職員間の連携がとりやすく、**利用者にとっては、**信頼のある職員に対応してもらえる**などのメリットがあります。

基本報酬は引き上げ

基本報酬は、1か月につき、要介護度、同一建物に居住する者へ提供するか否かで設定されています。短期利用の場合は1日単位です。2024年度改定では、基本報酬は、引き上げられました。

加算の見直し

区分支給限度基準額外である**総合マネジメント体制強化加算**は、2015年度改定で創設され、その算定率の高さから基本報酬として包括的な評価が検討されていました。しかし、2024年度改定では、加算区分の見直しが行われましたが、基本報酬に組み込むとは見送られました。なお、同改定は、定期巡回・随時対応型訪問介護看護と看護小規模多機能型居宅介護も同様です。

2024年度改定では、基本報酬の引き上げや総合マネジメント体制強化加算の見直しなどが行われました。

●基本報酬のプラス改定

※同一建物に居住する者に対して行う場合と短期利用を除く

同一建物に居住する者以外に対して行う場合（1月当たり）

	改定前	改定後	増減
要支援1	3,438単位	3,450単位	+12単位
要支援2	6,948単位	6,972単位	+24単位
要介護1	10,423単位	10,458単位	+35単位
要介護2	15,318単位	15,370単位	+52単位
要介護3	22,283単位	22,359単位	+76単位
要介護4	24,593単位	24,677単位	+84単位
要介護5	27,117単位	27,209単位	+92単位

●総合マネジメント体制強化加算の見直し

改定前	改定後
総合マネジメント体制強化加算 1000単位／月	総合マネジメント体制強化加算（Ⅰ） 1200単位／月（新設） 総合マネジメント体制強化加算（Ⅱ） 800単位／月（変更）

基本報酬の高いサービスで、すぐに上限額に達するのを避けるために限度基準額外として創設されたものです。基本報酬がさらに上がるのを避けるためこのように見直されました。

認知症対応型共同生活介護

認知症高齢者のグループホームです。2024年度改定では、認知症チームケア推進加算の創設などが行われました。

住み慣れた地域での共同生活

認知症対応型共同生活介護は、認知症の人のための入居サービスです。**1ユニットの定員は5〜9人**で、1つの事業所で複数のユニットを設ける場合は原則として3ユニットまでです。小規模で家庭的な雰囲気の施設において共同生活をし、介護や日常生活上の世話、リハビリやレクリエーションを行います。

基本報酬は引き上げ

基本報酬は、1日につき、要介護度、ユニット数に応じて設定されています。**30日以内の短期利用**の場合も設定されています。

2024年度改定では、基本報酬は、それぞれ1単位ずつ引き上げられました。

認知症チームケア推進加算

認知症の行動・心理症状（BPSD）の予防、または早期対応のための平時からの取組を推進するため、新たな加算である**認知症チームケア推進加算**が創設されました。なお、施設サービスも同様です。

BPSDが生じてからの対応を評価する「認知症行動・心理症状緊急対応加算」はありますが、**BPSDの発生を未然に防ぐ**ような取組を行っている施設や事業所を評価するために設けられました。

基本報酬のプラス改定　※２ユニット以上の場合を除く

【入居の場合】
１ユニットの場合

	改定前	改定後	増減
要支援２	760単位	761単位	+1単位
要介護１	764単位	765単位	+1単位
要介護２	800単位	801単位	+1単位
要介護３	823単位	824単位	+1単位
要介護４	840単位	841単位	+1単位
要介護５	858単位	859単位	+1単位

【短期利用の場合】
１ユニットの場合

	改定前	改定後	増減
要支援２	788単位	789単位	+1単位
要介護１	792単位	793単位	+1単位
要介護２	828単位	829単位	+1単位
要介護３	853単位	854単位	+1単位
要介護４	869単位	870単位	+1単位
要介護５	886単位	887単位	+1単位

認知症チームケア推進加算の新設

	認知症チームケア推進加算（Ⅰ）	認知症チームケア推進加算（Ⅱ）
人員要件	**認知症介護指導者養成研修**を修了し、認知症チームケア推進研修を修了した者を１名以上配置＋介護職員から成るチーム	**認知症介護実践リーダー研修**を修了し、認知症チームケア推進研修を修了した者を１名以上配置＋介護職員から成るチーム
その他	・日常生活自立度Ⅱの入居者の割合が**50%**以上 ・対象者に対し、個別に認知症の行動・心理症状の評価を計画的に行い、その評価に基づく値を測定し、認知症の行動・心理症状の予防等に資するチームケアを実施 ・認知症ケアについて、カンファレンスの開催、計画の作成、認知症の行動・心理症状の有無及び程度についての定期的な評価、ケアの振り返り、計画の見直し等を実施。	

看護小規模多機能型居宅介護

2024年度改定では、サービス内容の明確化や柔軟なサービス利用の促進などが行われました。

サービス内容の明確化

看護小規模多機能型居宅介護（以下、看多機）は、訪問看護（**自宅での看護サービス**）と小規模多機能型居宅介護（**自宅に加え、サービス拠点での「通い」「泊まり」における、介護サービス**）とを組み合わせて、多様なサービスを一体的に提供する複合型サービスです。

しかし、利用者からは、介護サービスに加えて看護サービスが提供されることが理解しづらいという声が多くありました。

そこで、2023年の介護保険法改正で、看多機を、複合型サービスの一類型として**法律上に明確に位置付ける**とともに、そのサービス内容について、サービス拠点での「通い」「泊まり」における看護サービスが含まれる旨が明確化されました。

基本報酬は引き上げ

看多機の基本報酬は、1か月につき、要介護度、同一建物に居住する者へ提供するか否かで設定されています。**短期利用の場合も設定**されています。

過少サービスに対する見直し

看多機は、サービスによって介護度別の利用頻度が異なるという実情があります。たとえば、「泊まり」、「通い」は介護度が高くなるほど多くなりますが、「訪問」は要介護3が最も多くなっています。また、登録定員に一定数の空きがあっても、「利用料が高い」、「すべてのサービスは必要ない」等の理由から、新規利用に至っていないという声も多くありました。そこで、**過少サービスに対する減算**（30％減）の要件について、「登録者1人当たりの平均回数が週4回に満たない場合」に加え、「提供回数が週平均1回に満たない場合」が追加されました。

看護小規模多機能型居宅介護のサービス内容の明確化

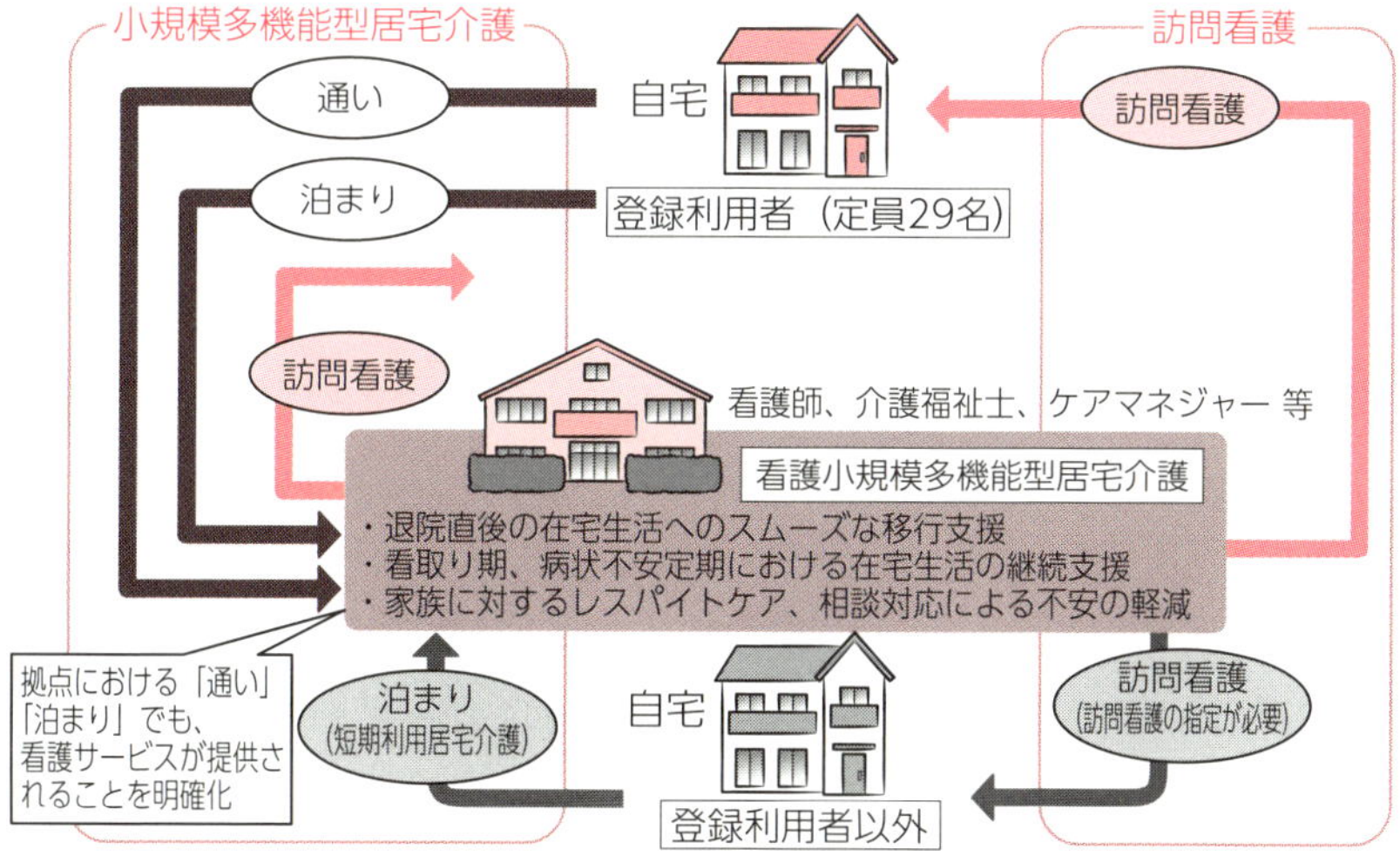

過少サービスに対する減算の要件の見直し

改定前	改定後
・登録者１人当たりの算定月における提供平均回数が、週４回に満たない場合	以下のいずれかの場合 ・登録者１人当たりの算定月における提供平均回数が、週４回に満たない場合 ・算定月における提供回数が週平均１回に満たない場合

●基本報酬のプラス改定

同一建物に居住する者以外の者に対して行う場合（1月当たり）

	改定前	改定後	増減
要介護1	12,438単位	12,447単位	＋9単位
要介護2	17,403単位	17,415単位	+12単位
要介護3	24,464単位	24,481単位	+17単位
要介護4	27,747単位	27,766単位	+19単位
要介護5	31,386単位	31,408単位	+22単位

同一建物に居住する者に対して行う場合（1月当たり）

	改定前	改定後	増減
要介護1	11,206単位	11,214単位	＋8単位
要介護2	15,680単位	15,691単位	+11単位
要介護3	22,042単位	22,057単位	+15単位
要介護4	25,000単位	25,017単位	+17単位
要介護5	28,278単位	28,298単位	+20単位

短期利用の場合（1日当たり）

	改定前	改定後	増減
要介護1	570単位	571単位	＋1単位
要介護2	637単位	638単位	＋1単位
要介護3	705単位	706単位	＋1単位
要介護4	772単位	773単位	＋1単位
要介護5	838単位	839単位	＋1単位

特定施設入居者生活介護
介護老人福祉施設入所者生活介護

日常生活上の支援

提供するサービスの内容や施設の設備については、特定施設入居者生活介護は居宅サービス（→42ページ）と、介護老人福祉施設入所者生活介護は特別養護老人ホーム（介護老人福祉施設）（→104ページ）と同様です。地域密着型サービスは、市町村が事業者を指定し、定員30人未満の小規模な施設でのサービス提供となります。

地域密着型特定施設入居者生活介護

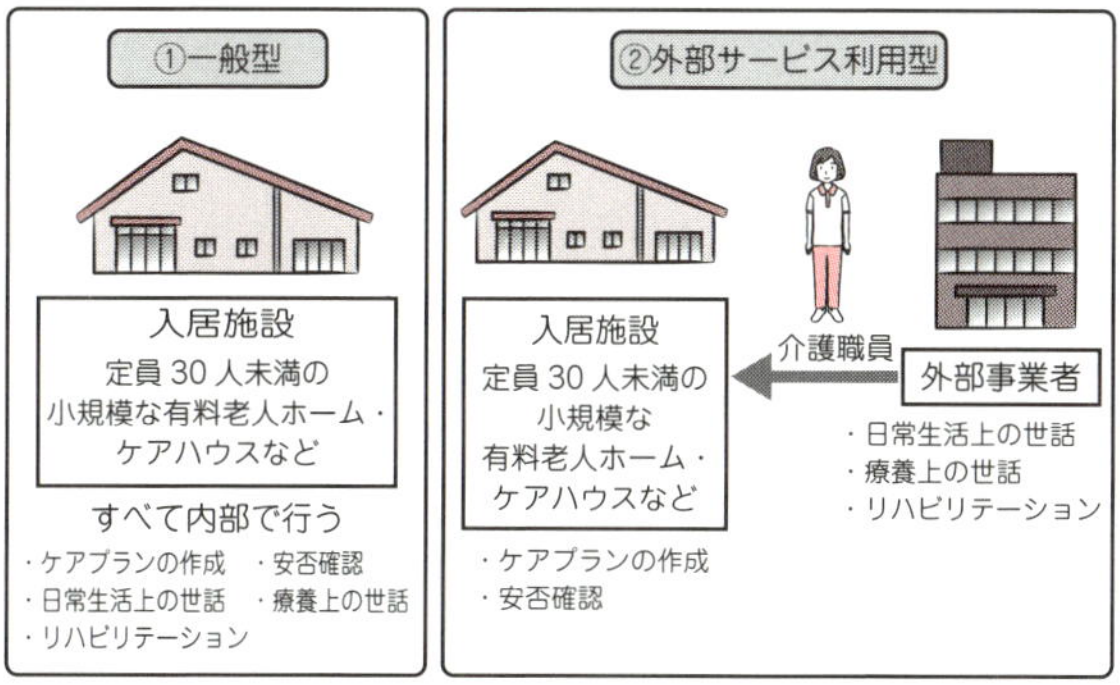

基本報酬のプラス改定　※短期利用型は省略

	改定前	改定後	増減
要介護 1	542単位	546単位	＋ 4 単位
要介護 2	609単位	614単位	＋ 5 単位
要介護 3	679単位	685単位	＋ 6 単位
要介護 4	744単位	750単位	＋ 6 単位
要介護 5	813単位	820単位	＋ 7 単位

2024年度改定では、特定施設入居者生活介護で夜間看護体制の強化、介護老人福祉施設入所者生活介護では緊急時の対応方法の見直しなどが行われました。

●地域密着型介護老人福祉施設入所者生活介護

定員 30 人未満の小規模な
介護老人福祉施設

介護職員・看護師、
栄養士、
機能訓練指導員、
介護支援専門員

・入所要件が要介護３以上であることも、介護老人福祉施設と同様です。
⇒p.104

●基本報酬のプラス改定

○地域密着型介護福祉施設サービス費（従来型個室・多床室）

	改定前	改定後	増減
要介護1	582単位	600単位	+18単位
要介護2	651単位	671単位	+20単位
要介護3	722単位	745単位	+23単位
要介護4	792単位	817単位	+25単位
要介護5	860単位	887単位	+27単位

○ユニット型地域密着型介護福祉施設サービス費（ユニット型個室・ユニット型個室的多床室）

	改定前	改定後	増減
要介護1	661単位	682単位	+21単位
要介護2	730単位	753単位	+23単位
要介護3	803単位	828単位	+25単位
要介護4	874単位	901単位	+27単位
要介護5	942単位	971単位	+29単位

Part 5

施設サービス

施設サービス

介護保険制度において「施設」とされるのは、介護老人福祉施設と介護老人保健施設、介護医療院の3つです。

施設サービスは3つだけ

施設サービスとは、介護保険施設に入所して受ける介護などのサービスのことをいいます。

介護保険施設は、所定の要件を満たし、都道府県知事に申請をして、指定（許可）を受けた公的な施設です。

また、介護保険施設は、「**介護老人福祉施設**」「**介護老人保健施設**」「**介護医療院**」の3種類があります。

従来は、「介護療養型医療施設」という都道府県知事から介護保険の指定を受けた病院・診療所の療養病床や病院の老人性認知症疾患療養病棟があり、全部で4種類でしたが、2024年3月末をもって廃止されました。

利用できるのは要介護者のみ

施設サービスを利用できるのは、65歳以上（65歳未満の特定疾病に罹患している者を除く）で、要介護認定を受けている人です。要支援の人は利用することはできません。

更に、介護老人福祉施設については、2014年の法改正により、入所要件が見直され、2015年4月から原則として、要介護3以上の人のみを対象とすることとなりました。

施設サービスの内容と対象

名称	内容	対象
介護老人福祉施設	介護・日常生活上の世話、機能訓練、健康管理、療養上の世話サービスを提供する	要介護3以上（原則）
介護老人保健施設	病状の安定した入所者に対して、医学的管理下における在宅復帰を目的としたリハビリテーションや、医療・看護・介護のサービスを提供する	要介護1以上
介護医療院	長期の療養を必要とする入所者に対して、医療・看護と介護の両面でのサービスを提供する	要介護1以上

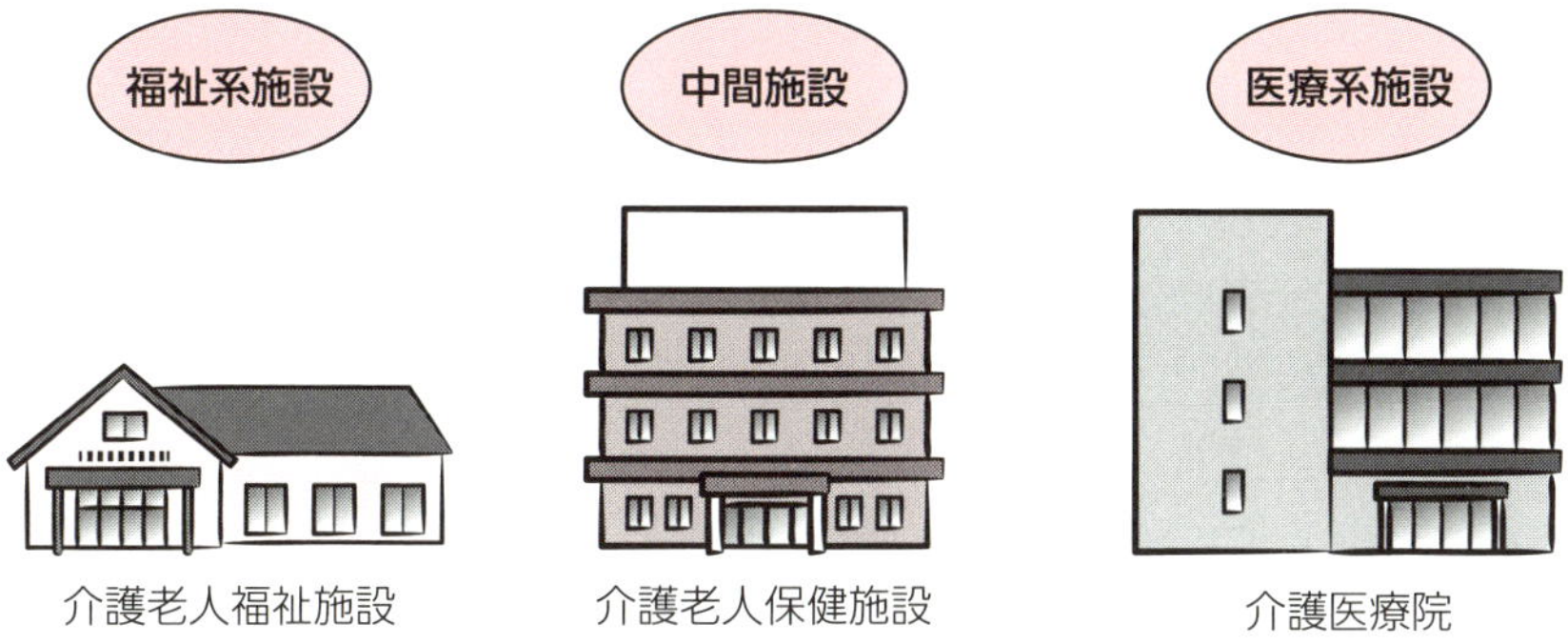

メモ

介護保険施設の運営主体

介護保険施設は公的施設の意味合いがあることから、地方自治体や社会福祉法人、医療法人が運営主体として多くを占めています。

運営主体をみると、介護老人福祉施設では社会福祉法人が9割以上、介護老人保健施設では医療法人が7割以上、介護医療院では医療法人が8割以上となっています。

介護老人福祉施設

2024年改定では、基本報酬の大幅引き上げや配置医師緊急時対応加算の拡充といった医療面の充実化などが行われました。

生活の場の介護老人福祉施設

介護老人福祉施設は、老人福祉法に規定された**入所定員30人以上の特別養護老人ホーム**のうち、都道府県知事から**介護老人福祉施設として指定**を受けた施設です。

施設において、食事や排泄、入浴などの介助、機能訓練、療養上の世話などが提供されます。看取りも行われ、「終の棲家」となるケースも増えています。

基本報酬は大幅引き上げ

介護老人福祉施設の基本報酬は、1日につき、要介護度、施設規模、居住形態によって設定されています。

2024年度改定では、基本報酬は、すべての施設の類型において引き上げられ、類型や要介護度によっては、26単位もの引き上げが行われました。物価高騰などにより、施設経営の厳しさが増していることを反映した大幅引き上げとなりました。なお、この傾向は、他の施設サービスでも同様です。

配置医師緊急時対応加算

入所者の急変時等に、配置医師による日中の駆け付け対応を充実させる観点から、「配置医師緊急時対応加算」について、**日中**でも配置医師が**通常の勤務時間外**に駆け付け対応を行った場合を評価する新区分が設けられました。

●基本報酬のプラス改定

○介護福祉施設サービス費（従来型個室・多床室）

	改定前	改定後	増減
要介護1	573単位	589単位	＋16単位
要介護2	641単位	659単位	＋18単位
要介護3	712単位	732単位	＋20単位
要介護4	780単位	802単位	＋22単位
要介護5	847単位	871単位	＋24単位

○ユニット型介護福祉施設サービス費（ユニット型個室・ユニット型個室的多床室）

	改定前	改定後	増減
要介護1	652単位	670単位	＋18単位
要介護2	720単位	740単位	＋20単位
要介護3	793単位	815単位	＋22単位
要介護4	862単位	886単位	＋24単位
要介護5	929単位	955単位	＋26単位

改定前は、「早朝・夜間の場合」と「深夜の場合」の2つのみだった評価に、「配置医師の通常の勤務時間外の場合（早朝・夜間及び深夜を除く）」という区分が追加され、3つの評価となりました。

給付調整のわかりやすい周知

配置医師における診療報酬との給付調整については、理解が十分といえる状況ではありません。配置医師が算定できる診療報酬と算定できない診療報酬について施設の認識を調査したところ、**算定できない診療報酬**である「初診料」「再診料」「往診料」について、3割程度の施設が算定できると**誤認**

していたり、配置医師が算定できる診療報酬である「処置」「注射」「投薬」について、「注射」「処置」については、約半数程度の施設が**算定できる認識がなかったり**など、誤解が多く生じていることがわかりました。そこで、2024年度改定では、配置医師が算定できない診療報酬と、配置医師でも算定できる診療報酬であって介護老人福祉施設等で一般的に算定されているものについて、**正しい理解を促進**する観点から、具体的な事例を示すなどして、わかりやすい方法で周知されました。

透析患者の送迎加算を新設

通院介助は、基本報酬に含まれています。しかし、人工透析患者などの頻回に通院が必要な入所者の場合は、負担が恒常的に生じることから、送迎にかかる評価を求める声が多くありました。そこで、透析患者の家族や病院等による送迎が困難である等やむを得ない事情がある入所者に対し、月12回以上通院のための送迎を行った場合に、1月に594単位を加算する**特別通院送迎加算**が新設されました。

このほかに、**退所時栄養情報連携加算**や**退所時情報提供加算**、**協力医療機関連携加算**などが新設されました。

●配置医師における給付調整のわかりやすい周知

医療保険・介護保険の役割のイメージ

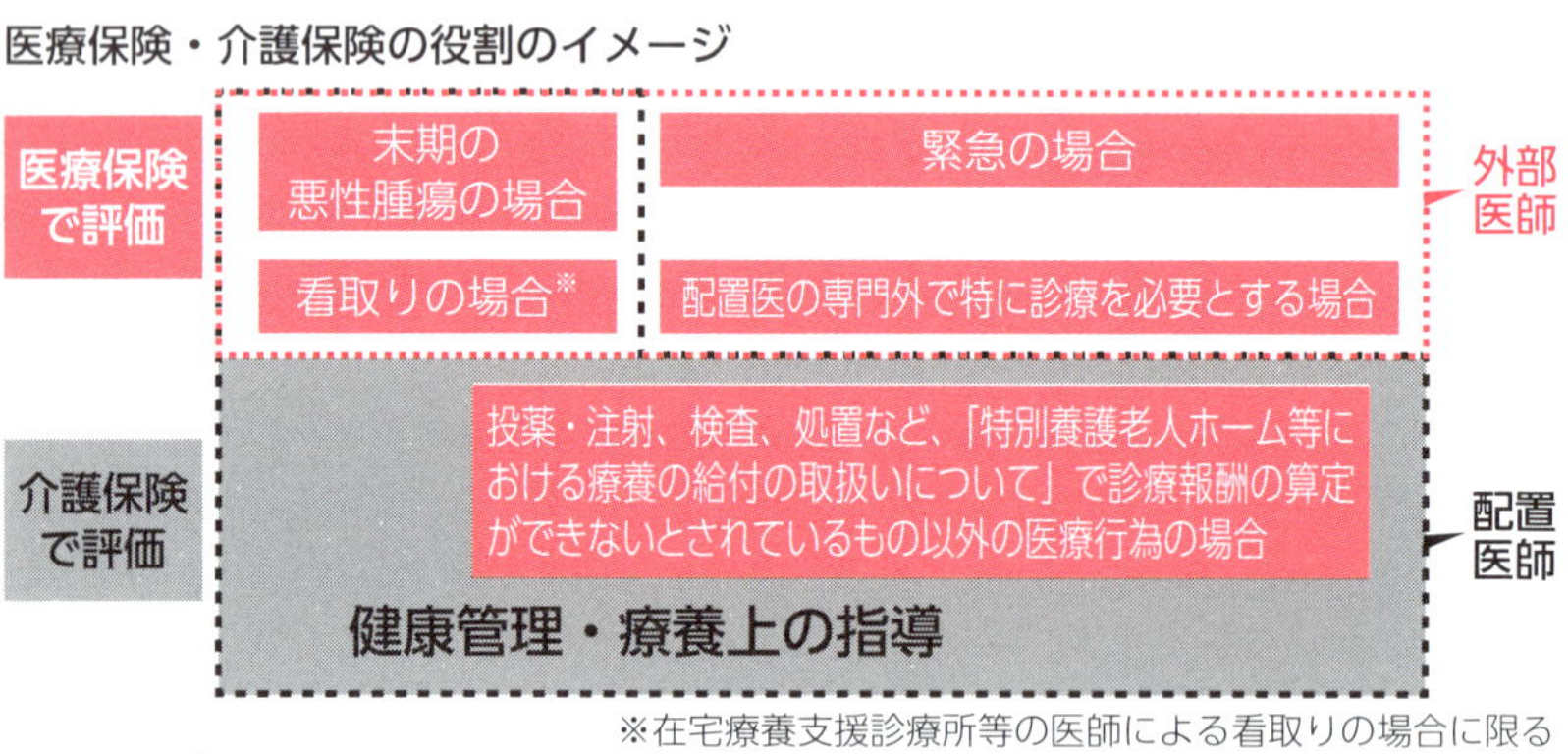

※在宅療養支援診療所等の医師による看取りの場合に限る

介護老人保健施設

2024年度の介護報酬改定では、基本報酬の引き上げなどが行われました。

在宅復帰を目指す

介護老人保健施設は、都道府県知事の許可を得た医療法人や社会福祉法人などが開設します。医学的管理下における看護・介護やリハビリなどを提供する施設です。

退院した高齢者が、リハビリや看護・介護を受けながら、**自宅に戻るまでの短期間**を過ごす、病院と自宅の「中間地点」として制度化されました。在宅復帰を目指す施設ではありますが、施設で看取りを迎える入所者が増加しているのが現状です。

基本報酬は引き上げ

介護老人保健施設の基本報酬は、「介護老人保健施設サービス費」と「ユニット型介護老人保健施設サービス費」の2つに大きく分けられています。それぞれ（Ⅰ）〜（Ⅳ）の区分が設けられ、1日につき、要介護度、居住形態によって設定されています。更に、在宅復帰・在宅療養支援等指標に基づき、⑴超強化型、⑵在宅強化型、⑶加算型、⑷基本型、⑸その他、の5段階に分けられています。

2024年度改定では、基本報酬はすべての区分で引き上げられています。

在宅復帰・在宅療養支援

２０２４年度改定では、介護老人保健施設の在宅復帰・在宅療養支援機能を更に推進する観点から、在宅復帰・在宅療養支援等指標の①「入所前後」と「退所前後」の**訪問指導割合の基準を引き上げ**、②「支援相談員の配置」に、**社会福祉士を支援相談員として配置**していることを評価、という見直しが行われました。６か月の経過期間が設けられています。

看取りへの対応の充実

介護老人保健施設における看取りへの対応に対しては、死亡日を含めて45日の間で施設において行うターミナルケアを評価するターミナルケア加算がありました。

２０２４年度改定では、介護老人保健施設における看取りへの対応の充実化や、在宅復帰・在宅療養支援を行う施設での看取りへの対応を適切に評価するために、**ターミナルケア加算**において、**死亡日以前31日以上45日以下**の区分を80単位から**72単位に引き下げ**、**死亡日の前々日と前日**を８２０単位から**９１０単位**、**死亡日**を１６５０単位から**１９００単位に引き上げ**ました。

所定疾患施設療養費の見直し

介護老人保健施設では、肺炎、尿路感染症、帯状疱疹、蜂窩織炎のいずれかに該当する入所者に対し、施設において**投薬等の治療管理**を行った場合に、所定疾患施設療養費による評価を行っていました。一方で厚労省の調査では、心不全を発症する入所者を医療機関へ転院させた施設の割合が約７割に上っていることから、２０２４年度改定では、慢性心不全が増悪した場合についても、所定疾患施設療養費の対象に追加されました。

このほか、短期集中リハビリテーション実施加算や認知症短期集中リハビリテーション実施加算の見直しなどが行われました。

基本報酬のプラス改定

○介護老人保健施設サービス費（Ⅰ）（ⅲ）（多床室）（基本型）

	改定前	改定後	増減
要介護１	788単位	793単位	＋５単位
要介護２	836単位	843単位	＋７単位
要介護３	898単位	908単位	+10単位
要介護４	949単位	961単位	+12単位
要介護５	1,003単位	1,012単位	＋９単位

○介護老人保健施設サービス費（Ⅰ）（ⅳ）（多床室）（在宅強化型）

	改定前	改定後	増減
要介護１	836単位	871単位	+35単位
要介護２	910単位	947単位	+37単位
要介護３	974単位	1,014単位	+40単位
要介護４	1,030単位	1,072単位	+42単位
要介護５	1,085単位	1,125単位	+40単位

在宅復帰・在宅療養支援機能の強化

①入所前後訪問指導割合・退所前後訪問指導割合

得　点	改定前	改定後
10	30%以上	35%以上
5	10%以上	15%以上
0	10%未満	15%未満

②支援相談員の配置割合

改定前	改定後
３人以上：５得点	３人以上（社会福祉士の配置あり）：５得点 ３人以上（社会福祉士の配置なし）：３得点
２人以上：３得点	２人以上：１得点
２人未満：０得点	（変更なし）

5
施設サービス

✿ ケアプランの例

〔事例〕

Cさん（女性、69歳）は、認知症があり、入浴、排泄、食事等に、介護が必要な状態で、要介護2の認定を受けています。心疾患により急性期病院に入院していましたが、退院し、自宅での生活を目指して、介護老人保健施設に入所しました。

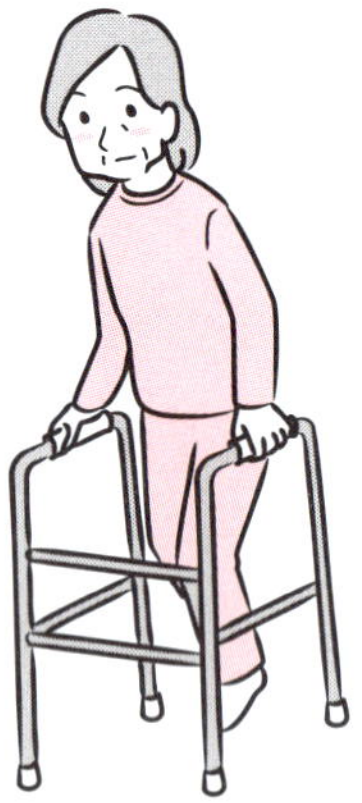

		月	火	水	木	
深夜	0:00					
	2:00					
	4:00					
早朝	6:00	起床	起床	起床		
		排泄介助	排泄介助	排泄介助	排泄介助	
午前	8:00	朝食介助	朝食介助	朝食介助	朝食介助	
	10:00	リハビリ		リハビリ…②③	リハビリ	
午後	12:00	昼食介助	昼		昼食	
	14:00		レクリ			
	16:00		入浴			
夜間	18:00	夕食介助	夕食介助	夕食介助	夕食介助	
		口腔ケア 排泄介助	口腔ケア 排泄介助	口腔ケア 排泄介助	口腔ケア 排泄介助	
	20:00					
		就寝	就寝	就寝	就寝	
深夜	22:00					

入院後30日以内に退院
①初期加算に新たな区分を追加

②認知症短期集中リハビリテーション実施加算に新たな区分を追加

③リハビリテーションマネジメント計画書情報加算に新たな区分を追加

週単位以外のサービス	車いす、車いす付属品、歩行器

●改定のポイント

①初期加算に新たな区分を追加	初期加算（Ⅰ） 60単位／日（新設） 初期加算（Ⅱ） 30単位／日（変更なし）

初期加算（Ⅰ）
急性期医療機関の一般病棟への入院後30日以内に退院し、次に掲げる基準のいずれかに適合する入所者について評価
①当該介護老人保健施設の空床情報について、地域の医療機関に定期的に情報共有を行っていること
②当該介護老人保健施設の空床情報について、当該介護老人保健施設のウェブサイトに定期的に公表するとともに、急性期医療を担う複数医療機関の入退院支援部門に対し、定期的に情報共有を行っていること

②認知症短期集中リハビリテーション実施加算に新たな区分を追加	認知症短期集中リハビリテーション実施加算（Ⅰ）240単位／日（新設） 認知症短期集中リハビリテーション実施加算（Ⅱ）120単位／日（単位数のみ変更）

認知症短期集中リハビリテーション実施加算（Ⅰ）
①リハビリテーションを担当する理学療法士、作業療法士又は言語聴覚士が適切に配置されていること
②リハビリテーションを行うにあたり、入所者数が、理学療法士、作業療法士又は言語聴覚士の数に対して適切なものであること
③入所者が退所後生活する居宅又は社会福祉施設等を訪問し、当該訪問により把握した生活環境を踏まえたリハビリテーション計画を作成していること

③リハビリテーションマネジメント計画書情報加算に新たな区分を追加	リハビリテーションマネジメント計画書情報加算（Ⅰ）53単位／月（新設） リハビリテーションマネジメント計画書情報加算（Ⅱ）33単位／日（変更なし）

リハビリテーションマネジメント計画書情報加算（Ⅰ）
次に掲げる要件を満たす場合を評価
①入所者ごとのリハビリテーション計画書の内容等の情報を厚生労働省に提出し、必要に応じてリハビリ計画の内容を見直す等、リハビリの実施にあたって、当該情報その他必要な情報を活用している
②口腔衛生管理加算（Ⅱ）及び栄養マネジメント加算を算定している
③入所者ごとに、医師、管理栄養士、理学療法士、作業療法士、言語聴覚士、歯科衛生士、看護職員、介護職員その他の職種の者が、リハビリ計画の内容等の情報その他必要な情報、入所者の口腔の健康状態及び入所者の栄養状態に関する情報を相互に共有している
④③で共有した情報を踏まえ、必要に応じてリハビリテーション計画の見直しを行い、その内容について、③の関係職種間で共有している

④認知症情報提供加算と地域連携診療計画情報提供加算の廃止

算定率の低さから廃止

介護医療院

医療・看護と介護の両輪で、入所者の生活を支援します。2024年度改定では、看取り対応の拡充などが行われました。

医療と生活をサポート

介護医療院は、都道府県知事の許可を得た地方公共団体や医療法人、社会福祉法人などが開設した施設の入所者に対して、**医療・看護と介護の両輪で生活を支えるサービス**です。

介護保険法の改正により、介護療養型医療施設の転換先として生まれ、2018(平成30)年4月からサービスが始まりました。

介護療養型医療施設と異なり、医療だけでなく、住まいと生活の機能も重視しているサービスです。

基本報酬は引き上げ

1日につき、要介護度、Ⅰ型療養床かⅡ型療養床か、居住形態(従来型個室・多床室・ユニット型個室・ユニット型個室的多床室)によって設定されています。

Ⅰ型療養床は、重篤な身体疾患のある者や身体合併症のある認知症高齢者などが対象となります(介護療養病床相当以上)。**Ⅱ型療養床**は、Ⅰ型と比較し、比較的容態が安定した者が対象となります(介護老人保健施設相当以上)。

2024年度改定では、基本報酬は**すべての区分で引き上げ**られています。

看取り対応の拡充

2021年度の介護報酬改定において、入所者の一定の割合につ

●基本報酬のプラス改定

○Ⅰ型介護医療院サービス費（Ⅰ）（ⅱ）（多床室）

	改定前	改定後	増減
要介護1	825単位	833単位	＋8単位
要介護2	934単位	943単位	＋9単位
要介護3	1,171単位	1,182単位	+11単位
要介護4	1,271単位	1,283単位	+12単位
要介護5	1,362単位	1,375単位	+13単位

○Ⅱ型介護医療院サービス費（Ⅰ）（ⅱ）（多床室）

	改定前	改定後	増減
要介護1	779単位	786単位	+7単位
要介護2	875単位	883単位	+8単位
要介護3	1,082単位	1,092単位	+10単位
要介護4	1,170単位	1,181単位	+11単位
要介護5	1,249単位	1,261単位	+12単位

いて「人生の最終段階における医療・ケアの決定プロセスに関するガイドライン」に沿った取組の実施が基本報酬の要件とされるとともに、施設サービス計画の作成にあたっての努力義務とされ、取組の推進が図られました。これには、介護医療院の退所者の約半数が死亡退所という背景があります。

そこで看取りへの対応を充実させるため、基本報酬の算定要件及び施設サービス計画の策定において、**原則として入所者全員**に対して「**人生の最終段階における医療・ケアの決定プロセスに関するガイドライン**」に沿った取組を行うことが求められました。

改定前は、ターミナルケア期にある入所者を対象としていましたが、原則としてすべての入所者に拡充したことになります。

長期療養生活移行加算の廃止

長期療養生活移行加算は、2021年度の介護報酬改定において新設された加算です。

「療養病床に入所して1年以上入院していた者であること」などを要件とし、介護療養病床から介護医療院への移行を促すために設けられた加算でした。

介護療養病床が2023年度末に廃止されたことから必要がなくなるため、廃止されました。

メモ

「人生の最終段階における医療・ケアの決定プロセスに関するガイドライン」

人生の最終段階を迎えた本人・家族等と医師をはじめとする医療・介護従事者が、最善の医療・ケアをつくり上げるプロセスを示すガイドラインです（厚生労働省）。医師等の医療従事者から適切な情報提供と説明がなされた上で、患者本人による意思決定を基本とします。平成18年に起こった人工呼吸器取り外し事件の報道を契機として策定され、その後ガイドラインの名称の変更、改訂を経て現在に至ります。

「人生の最終段階における医療・ケアの決定プロセスに関するガイドライン」に沿った取組の対象

改定前	改定後
ターミナルケア期にある入所者	原則としてすべての入所者

長期療養生活移行加算の廃止

改定前	改定後
長期療養生活移行加算　60単位／日	廃止

Part 6

介護保険以外の制度・措置

地域支援事業

市町村が実施主体の介護予防事業です。地域の力を活用して地域の実情に合ったサービスをつくることができます。

介護予防のための事業

地域支援事業は、要介護状態等になることの予防、要介護状態の軽減等のため、**市町村が実施**する事業です。特に介護予防に重点がおかれ、**非該当**（**自立**）の人が利用できる事業も行われています。

予防重視型の施策により、高齢者が自立した生活ができる状態になれば、介護保険制度を維持することにつながります。

地域支援事業の事業構成

地域支援事業は介護予防・日常生活支援総合事業（総合事業）、包括的支援事業、任意事業からなり、総合事業と包括的支援事業は**各市町村**が実施しなければならない**必須事業**です。

総合事業には**要支援者等**を対象とした**介護予防・生活支援サービス事業**と**すべての第1号被保険者等**を対象とした**一般介護予防事業**があります。包括的支援事業は地域包括支援センターが介護予防ケアマネジメント等を実施します。地域包括支援センターは市町村の委託を受けて総合事業や任意事業を実施することもでき、地域支援事業において重要な役割を担っています。

任意事業のその他の事業では、市町村ごとのサービスとして、配食サービスや見守りサービスなどが行われています。

●地域支援事業の事業構成

事業	事業構成	対象者
介護予防・日常生活支援総合事業（総合事業）	**介護予防・生活支援サービス事業（第1号事業）** ①訪問型サービス（第1号訪問事業） ②通所型サービス（第1号通所事業） ③その他の生活支援サービス（第1号生活支援事業） ④介護予防ケアマネジメント（第1号介護予防支援事業）	要支援者 基本チェックリスト該当者 継続利用要介護者（市町村が補助するサービス）
	一般介護予防事業 ①介護予防把握事業 ②介護予防普及啓発事業 ③地域介護予防活動支援事業 ④一般介護予防事業評価事業 ⑤地域リハビリテーション活動支援事業	すべての第1号被保険者及びその支援のための活動にかかわる者
包括的支援事業	**地域包括支援センターの運営** ①介護予防ケアマネジメント ②総合相談支援業務 ③権利擁護業務 ④包括的・継続的ケアマネジメント支援業務	被保険者、要介護被保険者を介護する者 個々の事業の対象者として市町村が認める者
	社会保障充実分 ①在宅医療・介護連携推進事業 ②生活支援体制整備事業 ③認知症総合支援事業 ④地域ケア会議推進事業	—
任意事業	①介護給付等費用適正化事業 ②家族介護支援事業 ③その他の事業	被保険者、要介護被保険者を介護する者 個々の事業の対象者として市町村が認める者

支援を受けて健康な生活ができるようになれば、要介護状態にならず、結果的に介護保険制度の維持につながります。

介護保険料の軽減措置

第1号保険料は、市町村ごとの条例に基づき所得に応じて段階的に決められています。低所得者には保険料の負担軽減措置が設けられています。

所得段階に応じた介護保険料

第1号被保険者の保険料は、サービス利用の見込み等に応じて、保険者（市町村）ごとに算出し、一人当たりの平均的な保険料額（基準額）を決めています。

個々の被保険者の保険料を**被保険者の負担能力**（**所得水準**）に応じて、基準額をもとに設定された所得段階別定額保険料とすることにより、低所得者等の負担軽減が図られています。所得段階は原則13段階ですが、市町村ごとに条例で定めることにより、更に所得段階を細分化することができます。また、各段階の保険料率を変更することもできます。

介護保険料の減免

市町村は、保険料を賦課した時点で予想できなかった特別の事情により一時的に負担能力が低下したことが認められる場合は、**条例により保険料の減免や徴収猶予**をすることができます。

特別の事情（減免等の具体的事由・要件）は市町村の条例で定めます。例としては、長期入院、失業、事業の廃止、農作物の不作、不漁などによる収入の激減、災害により住宅や家財に著しい被害を受けたことなどです。そのほか、破産による減免、刑事施設等に収容されている場合の減免などもあります。

●所得段階別定額保険料（例）

所得段階	第１段階	第２段階	第３段階	第４段階	第５段階
保険料率	基準額×0.285	基準額×0.485	基準額×0.685	基準額×0.9	基準額×1.0
対象者	生活保護受給者、老齢福祉年金受給者、本人の年金収入等が80万円以下	本人の年金収入等が80万円超120万円以下	本人の年金収入等が120万円超	本人の年金収入等が80万円以下	本人の年金収入等が80万円超
	世帯全員が市町村民税非課税			本人は市町村民税非課税、世帯に課税者あり	

＊第１段階～第３段階については消費税率10%への引き上げに伴い、軽減が強化された。

●保険料の減額を受けられる条件（例）

・介護保険料の段階が、**第１段階**（生活保護受給者を除く）、**第２段階**、**第３段階**である
・前年の**収入**が１人世帯で150万円以下（世帯構成員が１人増加するごとに50万円を加算）
・**預貯金**等が１人世帯で350万円以下（世帯構成員が１人増加するごとに100万円を加算）
・住居以外に**不動産**を所有していない
・住民税を課税されている人に**扶養**されていない
・住民税を課税されている親族と**同一住居内**に居住していない
・特別養護老人ホーム等の**介護保険施設**に入所していない
・介護保険料を**滞納**していない

＊すべての条件にあてはまる必要があります。

●特別の事情の例

・心身の重大な障害または長期の入院により、収入が著しく減少したとき
・震災、風水害、火災などにより、住宅、家財その他の財産が著しい損害を受けたときなど

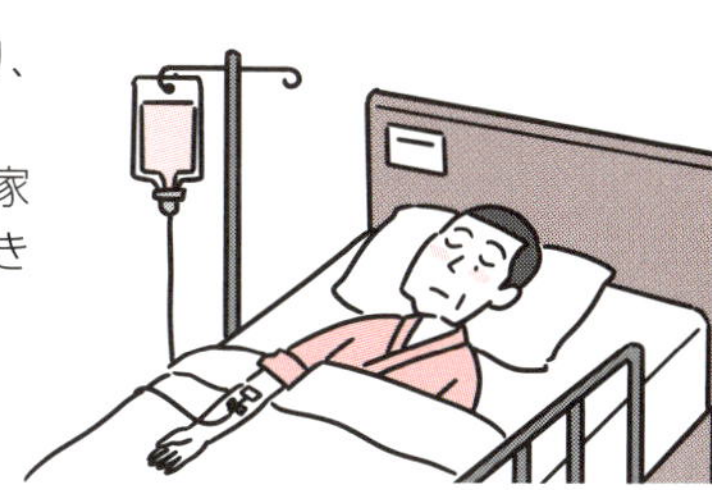

後期高齢者医療制度

75歳以上の後期高齢者を被保険者とする社会保険方式の制度です。運営主体は、後期高齢者医療広域連合です。

制度の概要

高齢者の医療の確保に関する法律に基づいて創設された制度で、被保険者から保険料を徴収し、療養の給付をはじめとした医療給付が行われます。被保険者は、後期高齢者医療広域連合の区域内に住所を有する**75歳以上**の者と、一定の**障害**があると広域連合に認定された**65歳以上75歳未満**の者です。なお、後期高齢者医療広域連合は、全市町村が都道府県を単位として加入して設立したものです。

財源構成と患者負担

財源構成は、**公費**（国：都道府県：市町村＝4：1：1）が5割、**現役世代**（国保、被用者保険加入者）からの支援金が4割、**高齢者**（被保険者）の保険料が1割となっています。

被保険者が医療機関で支払う患者負担は、一般所得者は1割、一定以上所得のある者は2割、現役並み所得者は3割です。2割負担の所得基準は、住民税課税所得が28万円以上かつ年金収入＋その他の合計所得金額が200万円以上等となっています。被保険者が負担する**保険料**は、各広域連合が条例により**2年ごと**に決定します。保険料は世帯の所得に応じた保険料軽減が設けられており、所得が一定以下の場合には均等割の7割・5割・2割が軽減されます。

●後期高齢者医療制度のしくみ

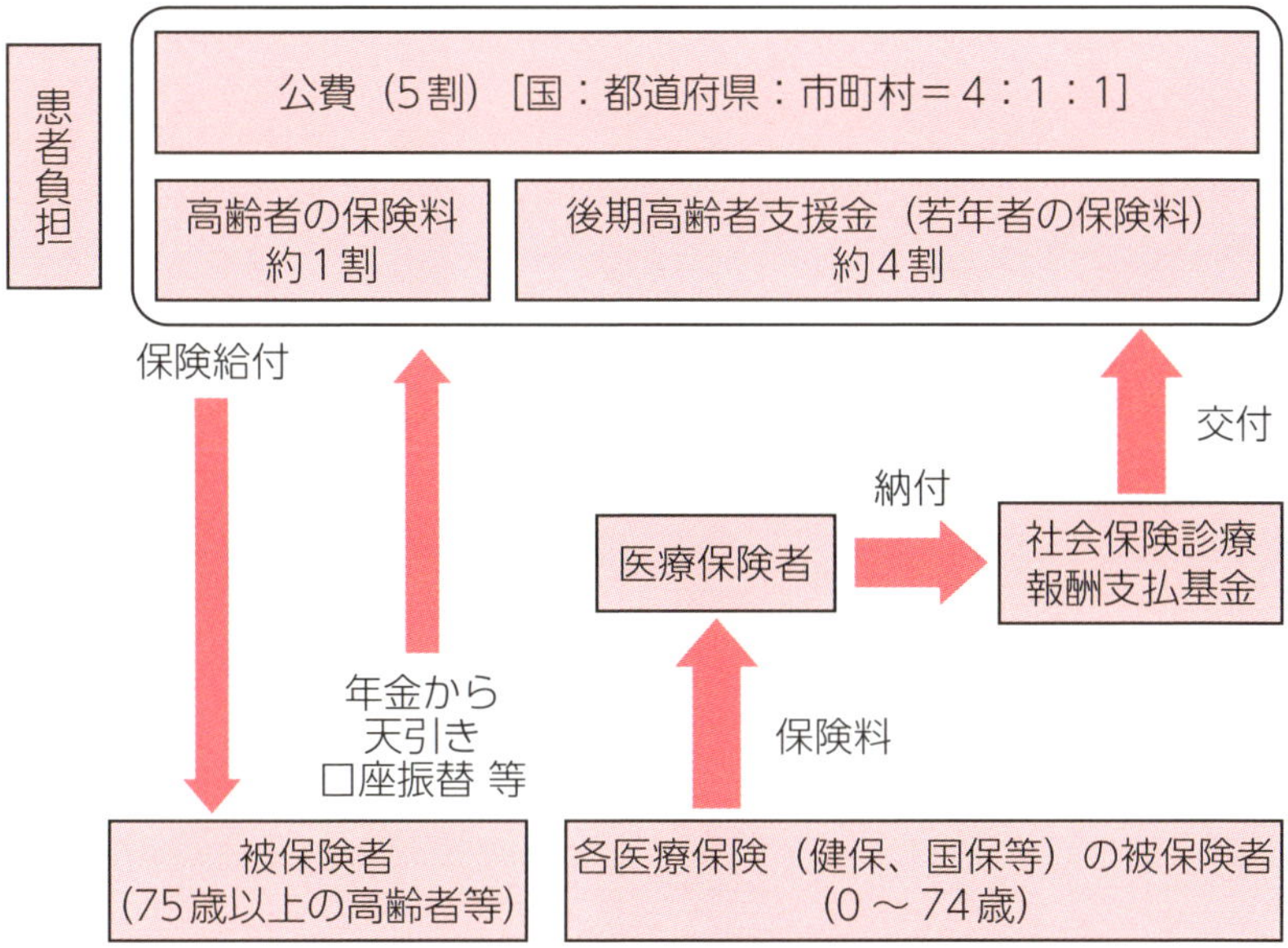

資料／厚生労働省「後期高齢者医療制度について」より作成

●後期高齢者医療制度の保険料のイメージ

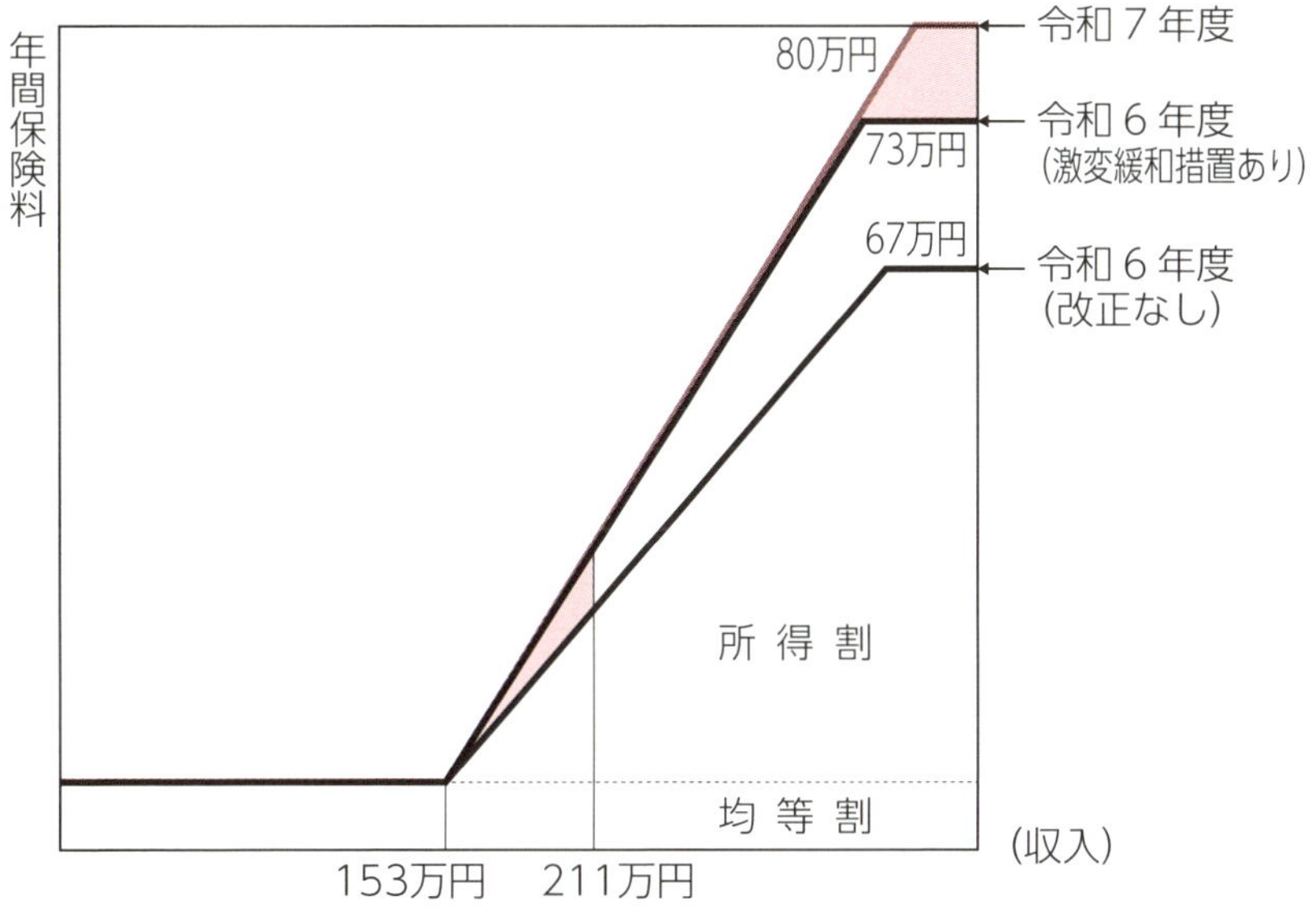

利用者負担の軽減

介護保険や医療保険の自己負担額が高額になり、限度を超えた場合には、自己負担を軽減する制度が設けられています。

高額介護（介護予防）サービス費

介護サービスの利用料には1か月の**自己負担額の上限**が定められています。上限額（次ページ参照）を超えた場合、利用者の申請により、超えた分が高額介護サービス費または高額介護予防サービス費として払い戻されます。

高額介護サービス費等の払い戻しがあるまでの間、利用者が負担する費用の貸付制度を条例で定めている市町村もあります。

なお、高額介護サービス費等の対象となるのは、**特定福祉用具販売を除く居宅サービス、地域密着型サービス、施設サービス**であり、福祉用具購入費及び住宅改修費は対象とはなりません。

高額介護合算療養費制度

1年間（8月1日～翌年7月31日）の介護保険サービスを利用したときの自己負担額と、医療費の自己負担額を**合算**して一定の基準額を超えたときに、介護保険からは高額医療合算介護（予防）サービス費が、医療保険からは高額介護合算療養費が払い戻されます。

限度額は被保険者の所得や年齢に応じて設定されています。費用負担は、医療保険者・介護保険者双方が、自己負担額の比率に応じて負担します。なお、同じ世帯でもそれぞれ**異なる公的医療保険に加入している場合は合算できません。**

高額介護（介護予防）サービス費の段階区分

所得区分	上限額
①生活保護の被保護者 ②15,000円への減額により生活保護の被保護者とならない場合 ③市町村民税世帯非課税の老齢福祉年金受給者	①個人15,000円 ②世帯15,000円 ③世帯24,600円 個人15,000円
市町村民税世帯非課税で［公的年金等収入金額＋その他の合計所得金額］が80万円以下の場合	世帯24,600円 個人15,000円
市町村民税世帯非課税 24,600円への減額により生活保護の被保護者とならない場合	世帯24,600円
①市町村民税課税世帯～課税所得約380万円（年収約770万円）未満 ②課税所得約380万円（年収約770万円）以上～同約690万円（同約1,160万円）未満 ③課税所得約690万円（年収約1,160万円）以上	①世帯44,400円 ②世帯93,000円 ③世帯140,100円

高額医療合算介護（予防）サービス費にかかる限度額

	75歳以上	70～74歳	70歳未満
	介護保険＋後期高齢者医療	介護保険＋被用者保険または国民健康保険	
年収約1,160万円～	212万円		
年収約770～約1,160万円	141万円		
年収約370～約770万円	67万円		
～年収約370万円	56万円		60万円
市町村民税世帯非課税等	31万円		34万円
市町村民税世帯非課税（年金収入80万円以下等）	本人のみ	19万円	34万円
	介護利用者が複数	31万円	

特定入所者介護サービス費

介護保険の施設サービスを利用する場合、**食費と居住費**（滞在費）は保険給付の対象外であるため、**全額自己負担**となります。低所得者の負担の軽減を図るため、自己負担額には限度が設けられています。食費や居住費等の費用が、設定された限度額を超えると、**補足給付**として特定入所者介護（予防）サービス費が介護保険から給付されます。

対象となるサービスは、介護保険施設のサービスのほか、地域密着型介護老人福祉施設入所者生活介護、（介護予防）短期入所生活介護、（介護予防）短期入所療養介護です。

対象者は、**生活保護受給者**や**市町村民税世帯非課税者**です。また、より負担の低い基準を適用すれば生活保護が必要でなくなる人も含まれます。ただし、現金や預貯金等の資産が一定額を超えている場合は対象外となります。

特定入所者介護（予防）サービス費の給付を受けるためには、市町村に「介護保険負担限度額認定証」の交付を申請します。利用者は、サービス利用時に事業者に認定証を提示することで、負担限度額の範囲内で利用者負担分を支払います。

社会福祉法人による制度

低所得で特に**生計が困難である人**の介護保険サービスの利用促進を図るため、介護保険サービスの利用者負担軽減を行う社会福祉法人等に対して、市町村が、その軽減した額の一部を助成します。

対象者の主な要件は、①市町村民税世帯非課税、②年間収入が単身で150万円、世帯員が1人増えるごとに50万円を加算した額以下、③預貯金等の額が単身で350万円、世帯員が1人増えるごとに100万円を加算した額以下、④日常生活に供する資産以外に活用できる資産がない、⑤負担能力のある親族等に扶養されていない、⑥介護保険料を滞納していないなどです。これらの要件をすべて満たす人のうち、収入や世帯状況、利用者負担等を総合的に考慮して、生計が困難な者として**市町村が認定した人**が対象となります。

市町村は、申請に基づき、対象者に対して「社会福祉法人等利用者負担軽減確認証」を交付します。社会福祉法人等は、介護保険サービス利用の際に確認証を提示した利用者について利用料を軽減します。軽減される利用者負担は、介護サービス費用の定率負担のほか、食費や居住費（滞在費）、宿泊費も含まれます。

●特定入所者介護（予防）サービス費の利用者負担段階

利用者負担	所得区分		預貯金（夫婦）
第１段階	生活保護受給者		
第１段階	世帯全員及び配偶者が非課税者	老齢福祉年金受給者	1,000万円以下（2,000万円以下）
第２段階	世帯全員及び配偶者が非課税者	年金収入等の収入額の合計が80万円以下	650万円以下（1,650万円以下）
第３段階①	世帯全員及び配偶者が非課税者	年金収入等の収入額の合計が80万円超120万円以下	550万円以下（1,550万円以下）
第３段階②	世帯全員及び配偶者が非課税者	年金収入等の収入額の合計が120万円超	500万円以下（1,500万円以下）

●特別養護老人ホームにおける段階区分別負担限度額（日額）

（円）

段階区分	居住費（滞在費）［　］内はショートステイ				食費
	ユニット型個室	ユニット型個室的多床室	従来型個室	多床室	
基準費用額	2,066	1,728	1,231	915	1,445
第１段階	880	550	380	0	300
第２段階	880	550	480	430	390［600］
第３段階①	1,370	1,370	880	430	650［1,000］
第３段階②	1,370	1,370	880	430	1,360［1,300］

成年後見制度

精神上の障害により判断能力が不十分な成年者の権利を守る制度です。全国の成年後見の登記事務を、東京法務局が取り扱っています。

成年後見制度の概要

成年後見制度による保護の対象となるのは、認知症、知的障害、精神障害、発達障害などによってものごとを判断する能力が不十分な人です。

後見人の具体的な援助の内容は**財産管理**と**身上監護**です。財産管理は、本人に代わって財産を管理することで、身上監護とは、介護をすることではなく、介護サービスの契約などを本人に代わって行うことです。本人の婚姻、離婚に関すること、医療行為の同意などは支援の対象にはなりません。

成年後見制度には、任意後見と法定後見の2種類があり、**任意後見**は判断能力が不十分になる前に**後見人をあらかじめ決めておくもの**で、**法定後見**は**判断能力が不十分になってから申立て**により利用します。

なお、一度成年後見制度の利用をはじめると、原則としてやめることはできません。医師の診断書で障害の回復が認められ、家庭裁判所が取り消しを認めた場合にのみやめることができます。

法定後見制度のしくみ

法定後見制度は民法に規定されている制度で、認知症や知的障害等で**既に判断能力が不十分である人**が対象です。本人や配偶者、4親等内の親族等の申立てにより、家庭裁判所の審判を経て成年後見人などが選任されます。本人の判断能力に応じて、後見（ほとんど判断できない）、保佐（判断能力が著しく不十分）、補助（判断能力が不十分）の3類型があり、それぞれ後見人、保佐人、補助人が選任されます。

任意後見制度のしくみ

任意後見制度は、任意後見契約に関する法律に規定された制度です。本人の判断能力が不十分になってから利用する法定後見と異なり、**本人が十分な判断能力を有するとき**に、あらかじめ、将来援助してくれる人（任意後見受任者）と委任する事務の内容を**公正証書により契約**（任意後見契約）しておきます。公正証書が作成されると後見登記簿に登記されます。

委任する内容は、本人の生活から療養介護、財産管理まで、**自由に決めることができます**。また、任意後見人の選任について特に規定は設けられていませんので法人などでもかまいません。

本人の判断能力が不十分になったとき、本人や任意後見人等から家庭裁判所に任意後見監督人選任の申立てをし、任意後見監督人が選任されることによって任意後見が開始します。任意後見監督人は任意後見人を監督する立場にあり、任意後見受任者本人やその配偶者や兄弟姉妹などの近い親族はなることができません。

なお、自己決定権を尊重する観点から、**任意後見が法定後見より優先される**のが原則です。

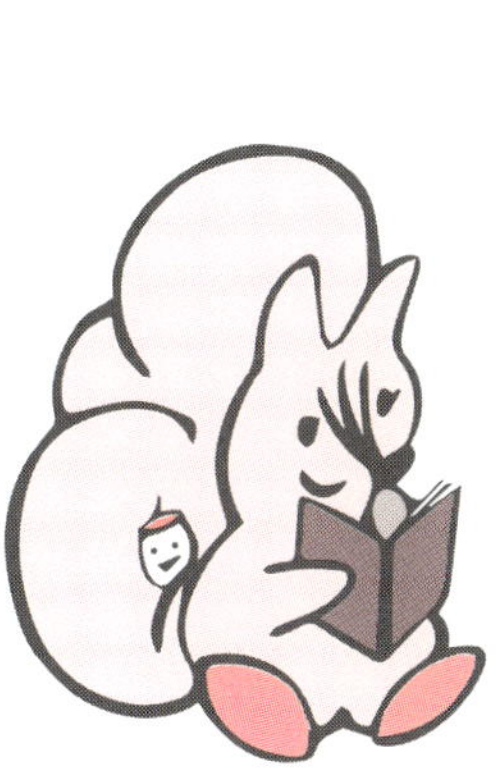

成年後見制度の種類

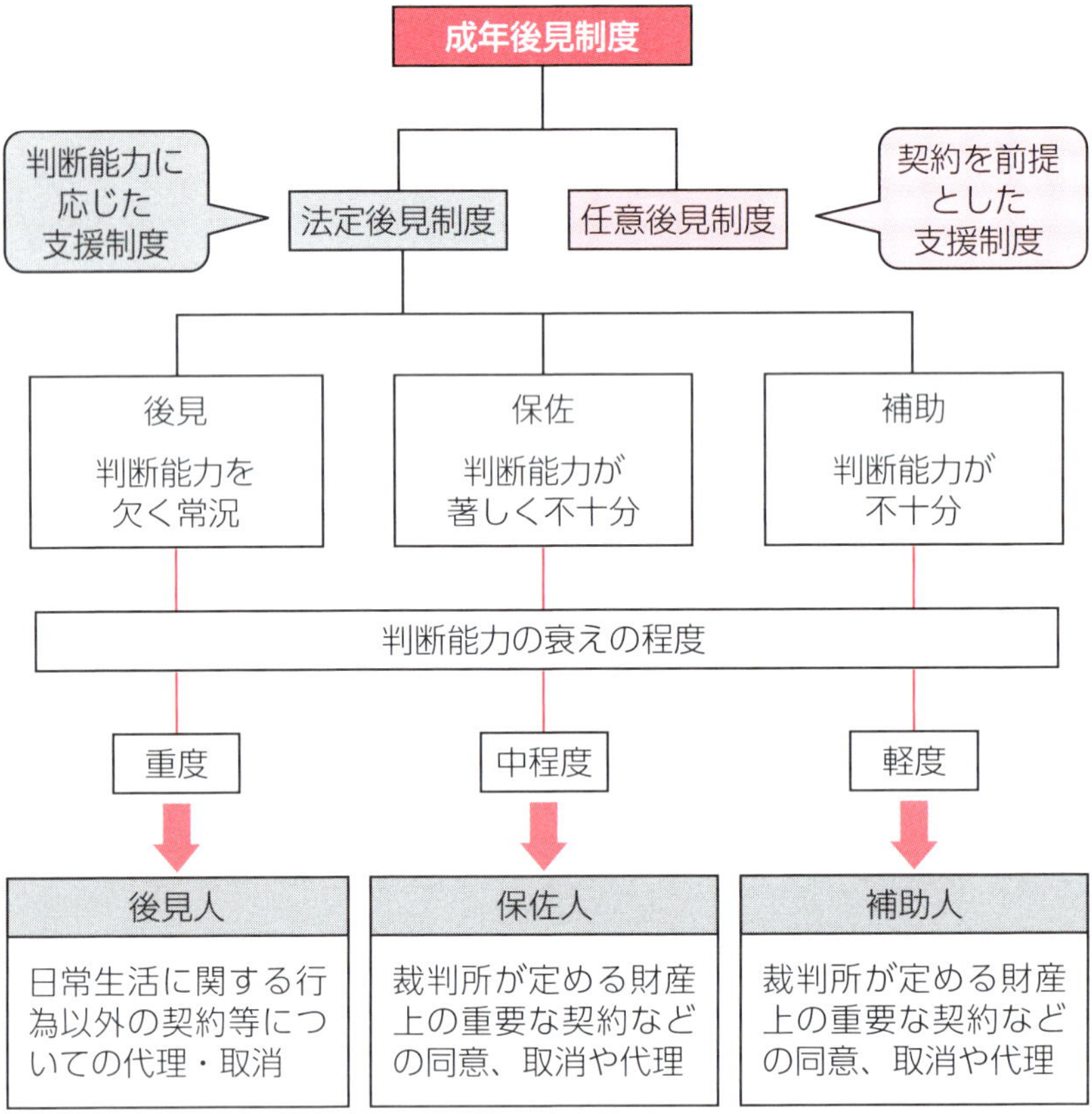

後見人等の選任の届出、代理人届、登録が必要な機関

機関	届出・登録先
市役所関係	介護保険課、国民健康保険課、障害者福祉課
税金関係	納税管理人として税務署に届出
金融機関関係	銀行、郵便局、証券会社等
不動産関係	法務局（登記所）等
年金事務所	厚生年金係
病院、施設等	病院、介護保険施設、障害福祉施設等

●成年後見制度利用手続きの流れ

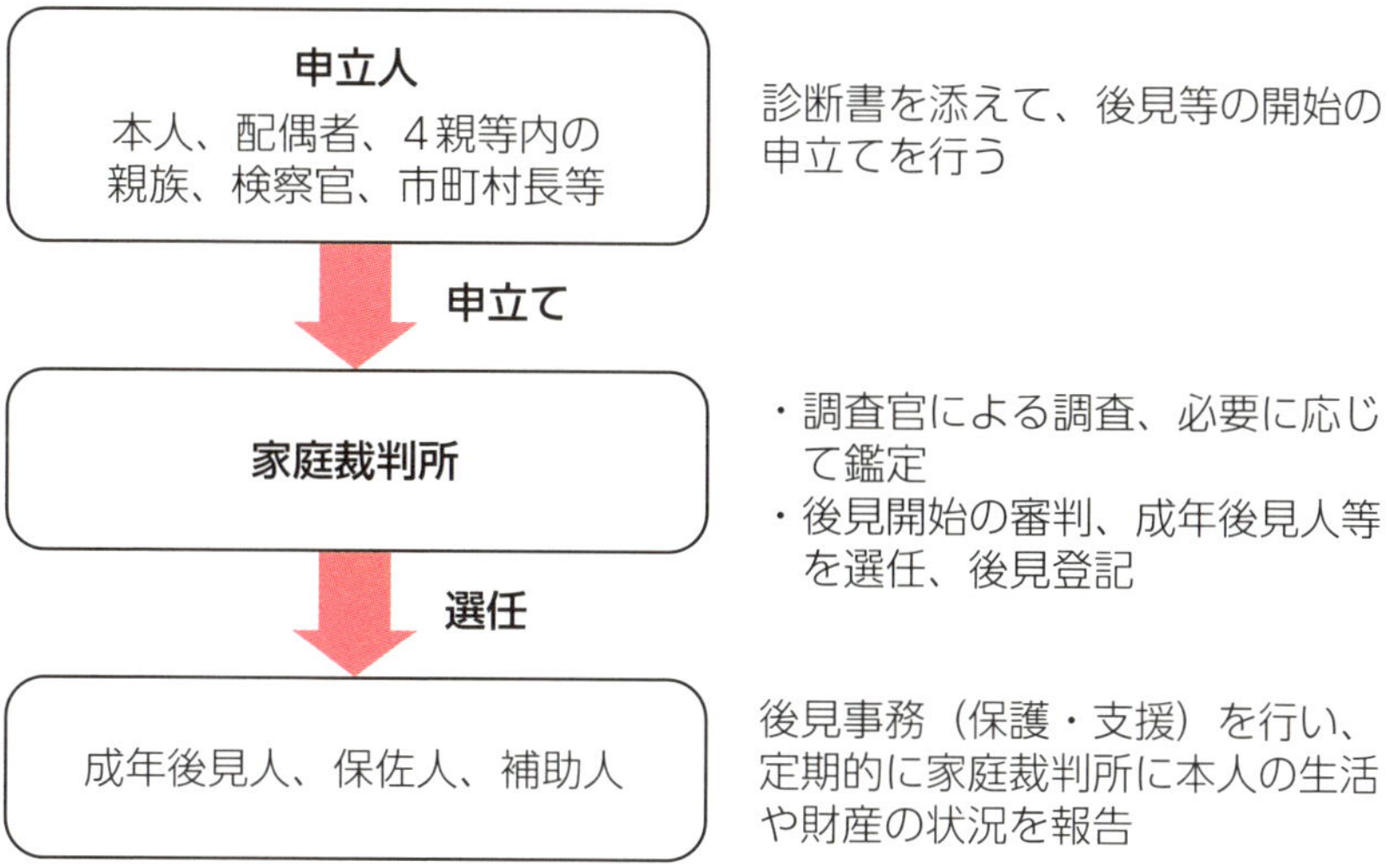

●任意後見制度利用手続きの流れ

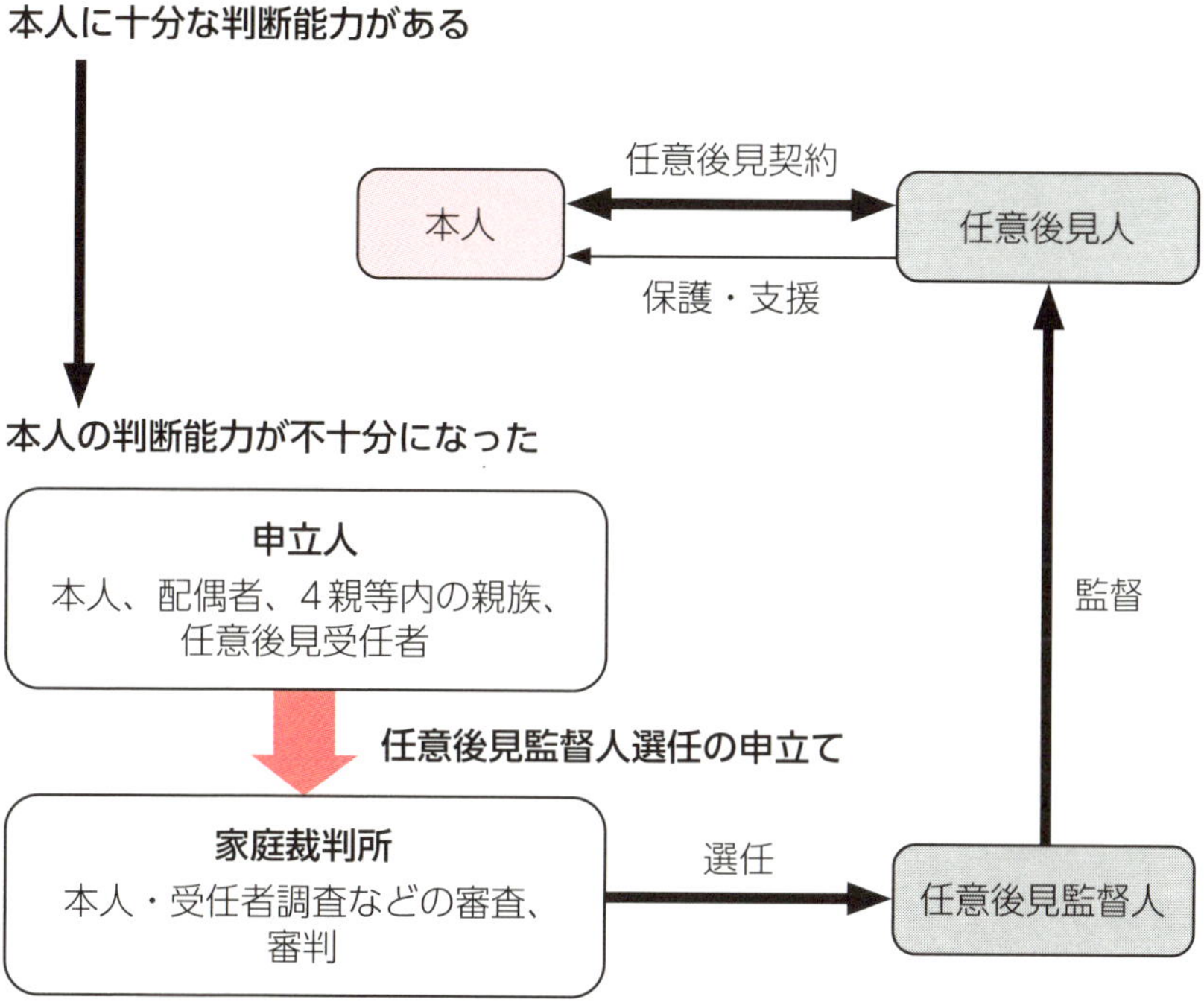

日常生活自立支援事業

都道府県・指定都市社会福祉協議会が実施主体となって行う、第二種社会福祉事業の福祉サービス利用援助事業です。

事業の対象者

対象者は、認知症高齢者、知的障害者、精神障害者等であって、判断能力が不十分なために日常生活を営むのに必要なサービスを利用するための**情報の入手、判断、意思表示を本人のみでは適切に行うことが困難であること、契約の内容を判断しうる能力を有すること**の2つの要件に該当する人です。

成年後見制度の利用者でも契約内容を理解できる者（被補助人、被保佐人の一部）は利用できます。

支援の内容

初期相談から支援計画の策定、契約締結を専門員が行い、直接的な支援は**生活支援員**が行います。支援の内容は、福祉サービスの利用援助、日常的金銭管理サービス、書類等の預かりサービスで、1回当たりの利用料は平均1200円です。

日常生活自立支援事業の支援内容

福祉サービスの利用援助	利用または解約する手続き 苦情解決制度を利用する手続き 住宅の改築、家屋の賃借、住民票の届出等の行政手続きに関する援助
日常的金銭管理サービス	年金・福祉手当の受領に必要な手続き 医療費や税金、社会保険料、公共料金の支払手続き 日用品等の代金を支払う手続き 預金の払い戻し・解約・預入れ手続き
書類等の預かりサービス	年金証書、預貯金の通帳、権利証、保険証書、実印、銀行印

●日常生活自立支援事業利用手続きの流れ

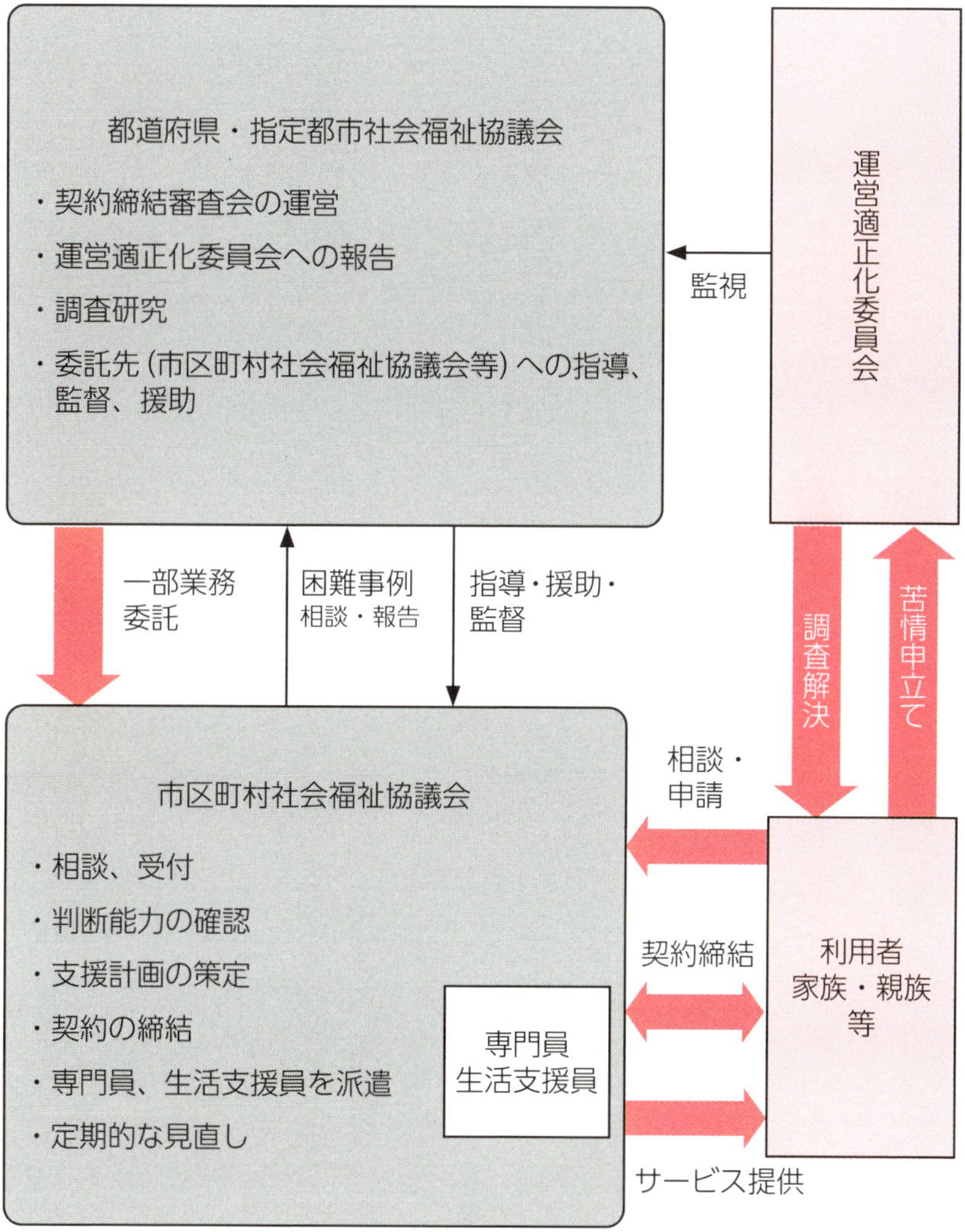

介護保険サービスに関する苦情処理

苦情の相談は市町村の窓口や居宅介護支援事業者など、身近なところでも受け付けています。

苦情相談の受付

介護保険サービスに関して不満がある場合、相談先としてはまず、利用者が**利用する事業所**が考えられますが、直接は伝えづらいときなどは、**担当のケアマネジャー**に相談することもあります。

ケアマネジャーは介護サービス事業所について多くの情報をもっていますので、相談することで解決する場合もあります。

そのほか、身近なところでは**市町村の相談窓口**、**地域包括支援センター**が苦情を受け付けています。地域包括支援センターは、市町村から委託を受けた社会福祉法人等が運営しているものが多く、介護サービス事業者等に事情を聴くなどして対応してくれます。

施設に入所している場合は、施設の**生活相談員**や**施設長**などが身近な相談先となります。

事業者やケアマネジャーに相談しても解決されない場合は、**国民健康保険団体連合会**（国保連）が解決にあたります。各都道府県に設置される**運営適正化委員会**も苦情の受付は行いますが、訪問介護、通所介護、短期入所生活介護など**一定のサービスが対象**です。

国保連への苦情申立て

国保連には苦情処理委員会が置かれ、介護保険制度における苦情処理業務を行っています。

国保連への苦情申立ては、**保険者（市区町村）が取り扱うことが困難な事例、事業者等の所在地と利用者居住地が異なるなどの広域的な事案、申立人が国保連での対応を特に希望している場合**などが対象となります。

本人または代理人（家族、成年後見人等）からの申立てを受理すると、事業者等に事実関係の調査を行います。現地調査をする場合は、保険者に立会いを依頼し、調査の結果、改善の必要がある場合は、事業者等に対して指導・助言を行います。受理してからの事務処理期間はおおむね60日です。

●苦情・相談の流れ

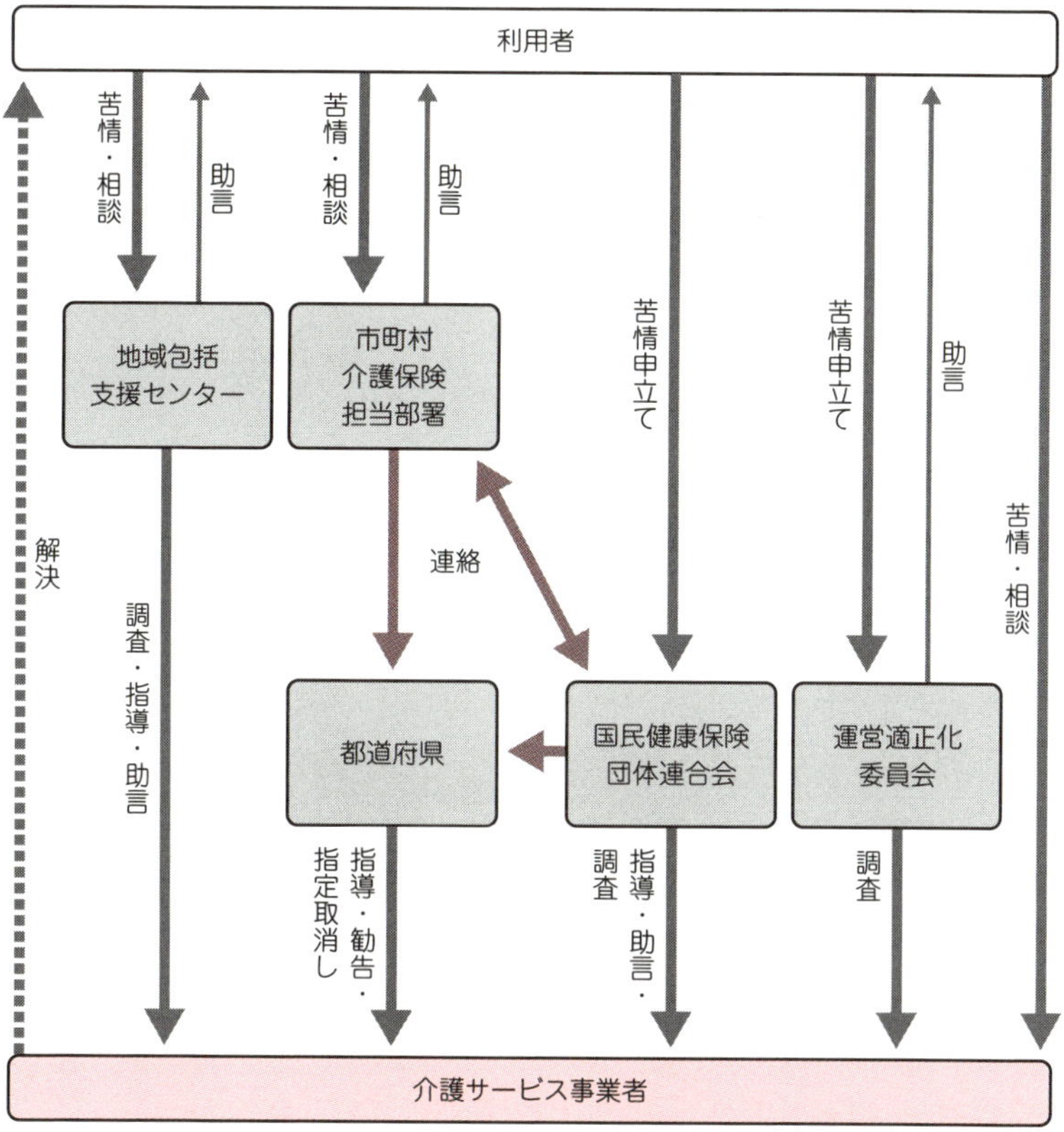

不服申立て制度

要介護・要支援認定の結果や決定された保険料その他徴収金に関する処分など、介護保険に関する処分に不服がある場合は、各都道府県に設置された**介護保険審査会**に対して**審査請求**をすることができます。介護保険の審査請求は、中立性・公平性を保つため、処分を行った保険者（市町村）ではなく第三者機関である介護保険審査会で行います。

なお、不服の申立ては、**処分の内容を知った日の翌日から3か月以内**にしなければなりません。

審査請求の流れ

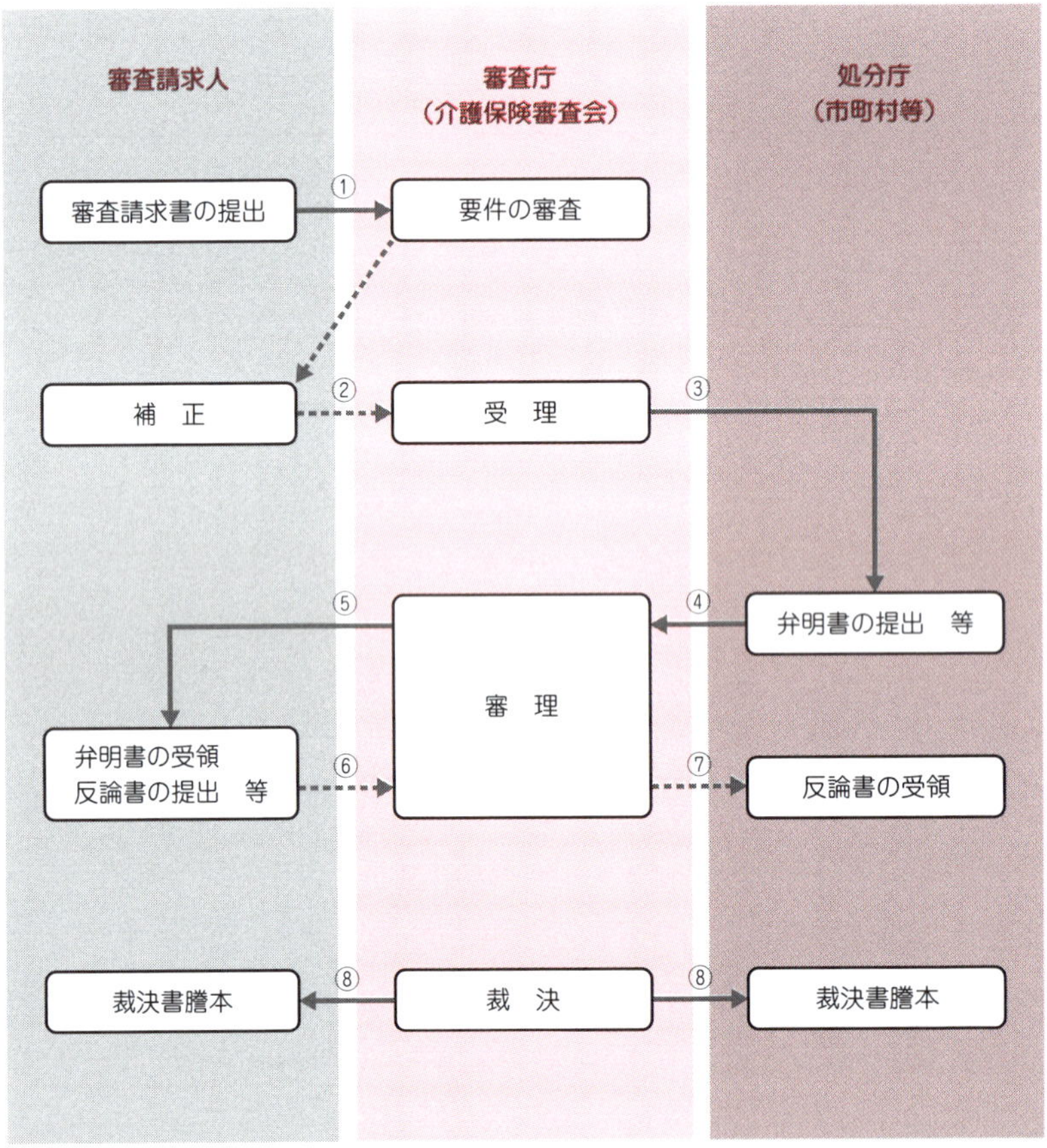

Part 7

これからの介護保険

ケアマネジメントの利用者負担導入

利用しやすくするためにケアマネジメントには利用者負担はありません。しかし、他のサービスと同様の利用者負担導入が検討されています。

全額保険給付で自己負担ゼロ

介護支援専門員が担う居宅介護支援計画作成等のケアマネジメントは、介護保険創設時から一貫して、「**自己負担ゼロ**」、つまり、**全額を介護保険給付**で賄われてきました。

介護保険サービスの「入口」であるケアマネジメントを実質無料にすることで、低所得者でも介護保険にアクセスしやすくすることを主な目的としています。

質向上？　重度化？

しかし、ケアマネジメントにも他の介護保険サービスと同様に、**自己負担1〜3割を導入すべき**という声が上がっています。

自己負担導入派の理由としては、「利用者のケアプランへの関心増」や「（基本報酬にケアマネジメントが含まれる）施設サービスとの公平性確保」などが掲げられています。

一方、慎重派からは「低所得者を中心とした介護保険の利用控えによる重度化」「障害者総合支援法（利用者負担ゼロの計画相談支援）との整合性」「公正・中立性の維持（顧客意識の高まりによる過剰な要求の増加）」などの声が多く、結論は**2027年度の制度改正まで先送り**されることとなりました。

●ケアマネジメントの自己負担と保険給付

●導入派と慎重派の主な意見

メモ

ケアプランの費用

居宅介護支援の費用額は、2022年度の統計で約5000億円です。1割負担が導入された場合、単純計算で約500億円が縮減されることとなります。

地域支援事業への移行

要介護1・2の一部サービスについて、地域支援事業への移行が検討されています。

要支援者は既に移行済み

2015年度改正で、要支援1・2の人の訪問介護と通所介護は、地域支援事業へ移管され、2018年度末で移行が完了しています。次は、この対象を**要介護1・2**まで拡大する案が挙げられていました。**生活援助サービス**から段階的に移行する形で検討が進められています。

この背景には、介護給付費の抑制のほか、全国一律の基準で提供される介護給付よりも、地域の実情に応じた多様な人材・資源を活用したサービスを提供できる地域支援事業の方が効果的・効率的だという考えがあります。

地域支援事業の整備が課題

一方、慎重派からは、地域支援事業の「受け皿不足」が指摘されています。

地域支援事業では、市町村が報酬を設定でき、介護保険に比べてその額が**低く設定される傾向**があります。人手不足の深刻化が止まらない介護業界で、そのような地域支援事業の担い手となる事業者は多くありません。更に、要介護1・2では、**認知症**の人も多く、ボランティアなどがサービスの担い手となれるのかが疑問視されています。国は、**2027年度の制度改正までに結論を出す**としています。

●介護給付と地域支援事業

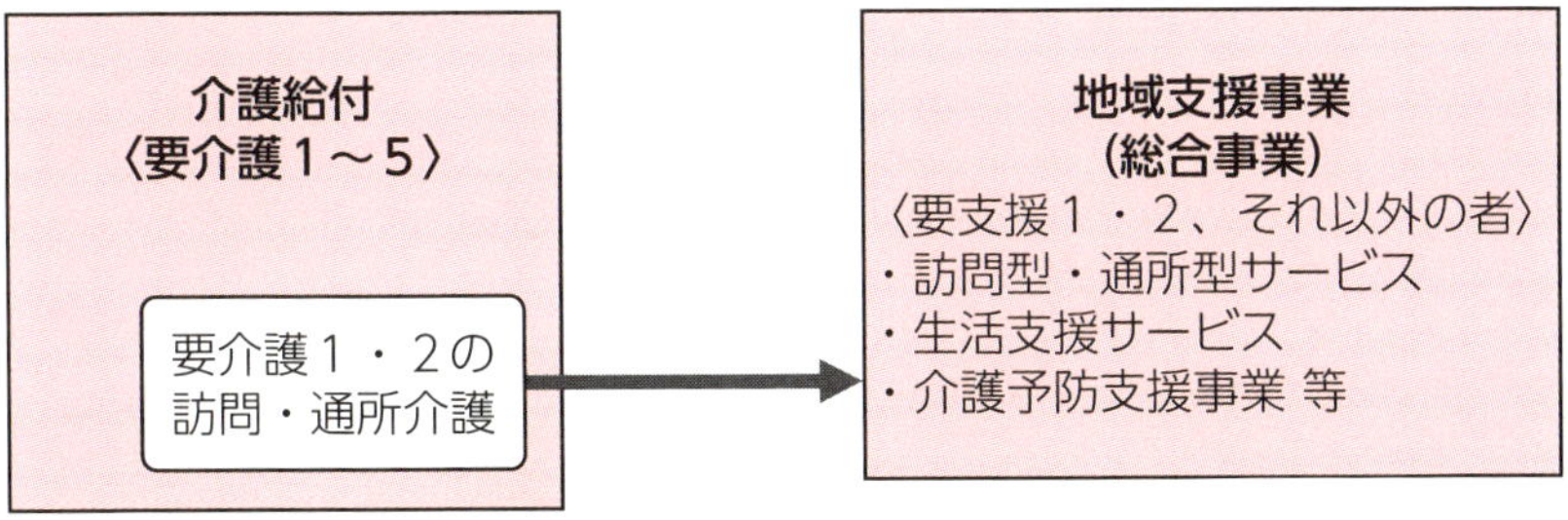

●要介護１・２の介護費用

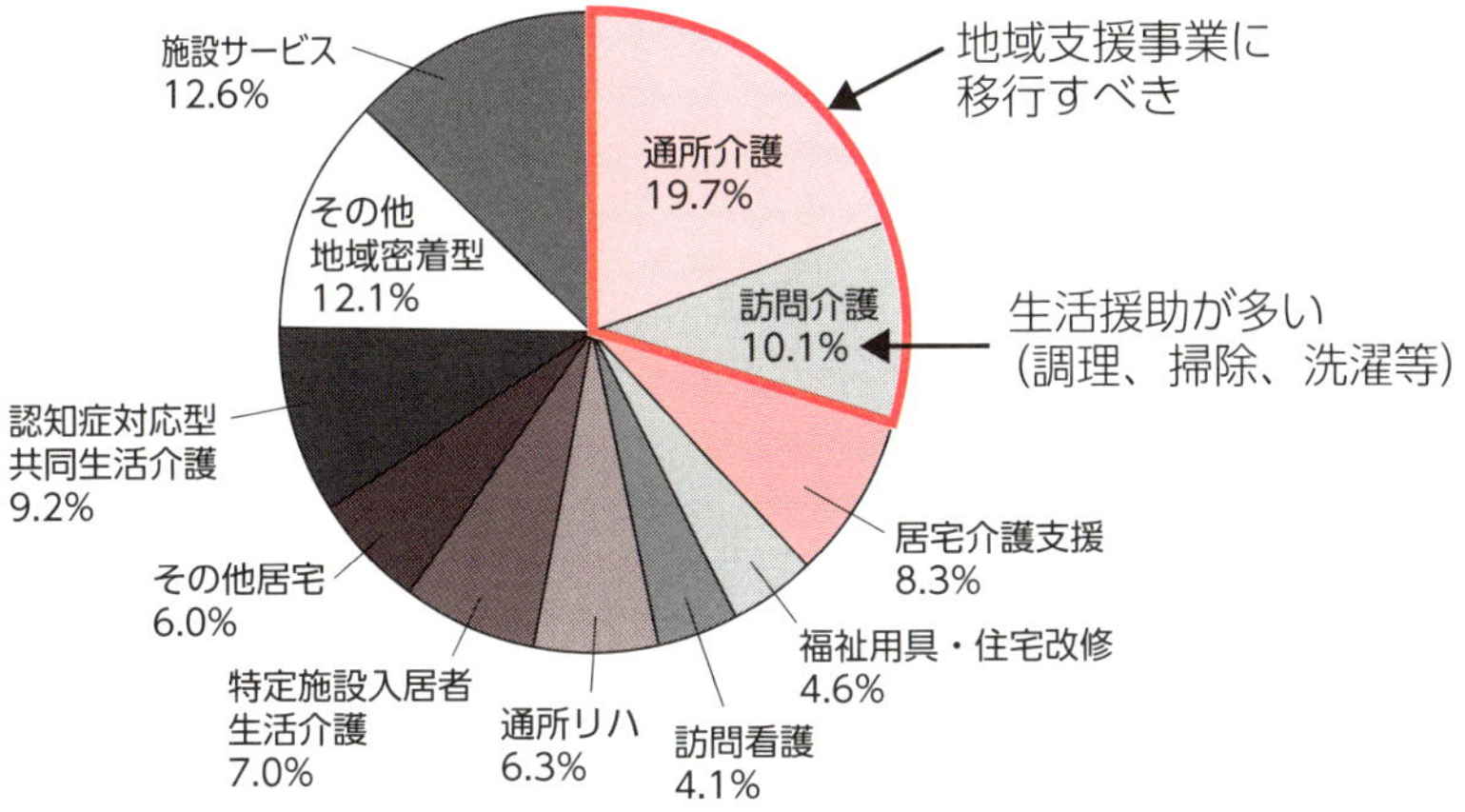

出典／厚生労働省「令和３年度介護保険事業状況報告年報」より作成

メモ

地域支援事業の基準

地域支援事業は地域の実情に応じて、報酬のほか基準も独自に定めることができます。たとえば、介護給付のような人員基準や部屋・施設等の面積制限はありません。

利用者負担の引き上げ

自己負担が2割の者の所得基準を引き下げ、対象者を拡大させることが検討されています。

一律1割負担から枠を増設

介護保険制度は「所得にかかわらず一律1割の自己負担」でスタートしました。しかし、制度改正により2015年8月より「一定以上所得者」に対して**2割負担**、更に2018年8月より「現役並み所得者」に対して**3割負担**が導入されました。

現在の2割負担者の「一定以上所得」とは、単身世帯で合計所得金額が160万円以上かつ年金収入等が280万円以上（2人以上世帯は346万円以上）を指します。3割負担者の「現役並み所得」は、単身世帯で合計所得が220万円以上かつ年金収入等が340万円以上（夫婦世帯は463万円以上）です。

2割負担者の対象を拡大？

全利用者のうち2割負担者の占める割合は、2022年3月時点で4・6%となっています。**2割負担者の所得基準を引き下げ**、この割合を増やすという案が出ていました。しかし、長引く物価高などを理由に**2027年度改正まで見送られる**こととなりました。なお、3割負担者の占める割合は、2022年3月時点で3・6%となっています。「3割負担の対象も拡大すべき」との議論も出ており、**3割負担者の所得基準の引き下げ**も論点になるかもしれません。

な 行

日常生活自立支援事業……130
入居継続支援加算……74
入浴介助加算……10
任意後見……126
任意後見制度……127
任意後見監督人……127
任意後見契約……127
任意事業……116，117
認知症専門ケア加算……49，86，87
認知症対応型共同生活介護…32，83，94
認知症対応型通所介護…32，83，90
認知症短期集中リハビリテーション実施加算……58，111
認定調査……22

は 行

配置医師緊急時対応加算……104
被保険者……20
福祉用具……76
福祉用具専門相談員……77
福祉用具貸与……16，31，75
普通徴収……20
不服申立て制度……134
包括的支援事業……116，117
法定後見制度……126
訪問介護……16，31，44
訪問看護……16，31，52
訪問看護指示書……52
訪問入浴介護……31，50
訪問リハビリテーション……31，56
保険者……20
保佐……128
保佐人……128
補助……128
補助人……128

ま 行

看取り連携加算……51
看取り連携体制加算……50，70
みなし指定……56
モニタリング……77

や 行

夜間看護体制加算……74
夜間看護体制強化加算……74
夜間対応型訪問介護……32，83，84，86
要介護認定・要支援認定申請書……22
予防給付……30

ら 行

リハビリテーションマネジメント加算……10
リハビリテーションマネジメント計画書情報加算……111
療養通所介護費……88

後期高齢者医療制度……120，121
口腔連携強化加算……49，61
後見……128
後見人……126，128
国民健康保険団体連合会……132

さ 行

サービス担当者会議……24
在宅中心静脈栄養法加算……63
在宅薬学管理……62
施設サービス……30，102
社会保険診療報酬支払基金……20
社会保険方式……20
週間サービス計画表……28，48，49
住宅改修……31，78
重度者ケア体制加算……88，89
小規模多機能型居宅介護……32，83，92
初期加算……111
所定疾患施設療養費……108
審査請求……134
身体介護……44
身体的拘束等の適正化……47
診療報酬改定……18
生活援助……44
成年後見制度……126，128
専門管理加算……54，55
総合医学管理加算……72
総合マネジメント体制強化加算……92

た 行

ターミナルケア加算……108
第１号被保険者……20，118
第２号被保険者……20
退院時共同指導加算……58，61
短期入所生活介護……16，31，68
短期入所療養介護……16，31，71
地域支援事業……43，116
地域包括支援センター……34
地域密着型介護老人福祉施設入所者生活介護……32，83
地域密着型サービス……30，82
地域密着型通所介護……32，83，88
地域密着型特定施設入居者生活介護……32，83
通院等乗降介助……44
通所介護……31，64
通所リハビリテーション……31，66
定期巡回・随時対応型訪問介護看護……16，32，83，84
逓減制……36，40
テレワーク……12
同一建物減算……15，38
特定事業所加算……8，39，40，41，46，48
特定施設入居者生活介護…31，73，99
特定疾病……22
特定入所者介護サービス費……124
特定福祉用具販売……16，31，75
特別徴収……20
特別通院送迎加算……106

さくいん

欧　文

LIFE……10
1次判定……22
2次判定……22
Ⅰ型療養床……112
Ⅱ型療養床……112

あ　行

アセスメント……24
一体的サービス提供加算……15
医療用麻薬持続注射療法加算……63
運営推進会議……99
運営適正化委員会……132
運動器機能向上加算……15
遠隔死亡診断補助加算……54，55
オンラインモニタリング……38

か　行

介護医療院……16，32，102，103，112
介護給付……30
介護給付費・地域支援事業支援納付金…20
介護職員処遇改善加算……12
介護職員等処遇改善加算……12
介護職員等特定処遇改善加算……12
介護職員等ベースアップ等支援加算…12
介護保険審査会……134
介護保険料の減免……118
介護予防・日常生活支援総合事業……116，117
介護予防支援……34
介護予防訪問入浴介護……50
介護老人福祉施設…32，102，103，104
介護老人福祉施設入居者生活介護‥99
介護老人保健施設…… 16，32，102，103，107
改定率……6
科学的介護推進体制加算……10
課題分析標準項目……24
看護小規模多機能型居宅介護……32，83，96
基本チェックリスト……22
居宅介護支援事業者……34
居宅介護支援費（Ⅰ）……12，35
居宅介護支援費（Ⅱ）……12，35
居宅サービス……30
居宅サービス計画書（1）……26
居宅サービス計画書（2）……27
居宅療養管理指導……31，62
ケアプラン……24
ケアプラン原案……24
高額介護（介護予防）サービス費…122
高額介護合算療養費制度……122
後期高齢者医療広域連合……120

本書の正誤情報等は、下記のアドレスでご確認ください。
http://www.s-henshu.info/kjkh2407/

上記掲載以外の箇所で正誤についてお気づきの場合は、**書名・発行日・質問事項（該当ページ・行数**などと**誤りだと思う理由）・氏名・連絡先**を明記のうえ、お問い合わせください。
・web からのお問い合わせ：上記アドレス内【正誤情報】へ
・郵便または FAX でのお問い合わせ：下記住所または FAX 番号へ
※電話でのお問い合わせはお受けできません。

［宛先］コンデックス情報研究所
『介護従事者のための介護保険がよくわかる本』係
住　　所：〒359-0042　所沢市並木3-1-9
FAX 番号：04-2995-4362（10:00～17:00　土日祝日を除く）

※本書の正誤以外に関するご質問にはお答えいたしかねます。
※ 回答日時の指定はできません。また、ご質問の内容によっては回答まで10日前後お時間をいただく場合があります。
あらかじめご了承ください。

編著：コンデックス情報研究所
1990 年 6 月設立。法律・福祉・技術・教育分野において、書籍の企画・執筆・編集、大学および通信教育機関との共同教材開発を行っている研究者・実務家・編集者のグループ。

イラスト：ひらのんさ、kei

介護従事者のための介護保険がよくわかる本
2024年11月10日発行

編　著　コンデックス情《じょう》報《ほう》研《けん》究《きゅう》所《しょ》
発行者　深見公子
発行所　成美堂出版
〒162-8445　東京都新宿区新小川町1-7
電話(03)5206-8151 FAX(03)5206-8159
印　刷　大盛印刷株式会社

ISBN978-4-415-33410-3
落丁・乱丁などの不良本はお取り替えします
定価はカバーに表示してあります